社長の条件

中西宏明
冨山和彦

文藝春秋

社長の条件

中西宏明
冨山和彦

はじめに

新しい時代に、新しいリーダーが求められている

日本は今、経済の大きな転換期を迎えています。

「Society 5.0」という言葉をご存知でしょうか。「狩猟社会」「農耕社会」「工業社会」「情報社会」に続く、日本が目指すべき社会を示すコンセプトです。

ＩＴ化・デジタル化の波は、日本をはじめ世界を飲み込みました。いまやデジタルの要素を考えずにビジネスはできません。

人工知能が搭載され、かつてなかったほどに使いやすくなった家電や介護ロボットなど、すでに実現している技術もたくさんあります。テクノロジーの進歩により、世界はすでに新しい時代に入ろうとしています。

日本もここに必然的に進んでいくことになります。そうなると、産業構造、社会基盤な

ど人間の生活そのものが大きく変わるのです。

ただし、単に技術の進歩だけでは、社会がより良い方向に変わるかどうかはわかりません。そこで問われるのが、機械に代替されない、人間ならではの想像力・創造力です。コンピュータやインターネット、人工知能などを使ったデジタル技術と、多様な人々の想像力や創造力を融合させることで、さまざまな課題を解決したり、新たな価値を創造したりする。これが「Society 5.0」、「五番目の社会」です。

私は2018年に日本経済団体連合会（経団連）の会長になりました。2014年から副会長を務めていましたが、私はこの「Society 5.0」を推進するべく力を尽くしてきました。さまざまな会合で、その重要性を説き、いろんな人を巻き込んできました。

正直なところ、私は自分が経団連の会長になるとは考えたこともありませんでした。副会長として自分なりに仕事を続けていたところ、周囲の人から「次は会長ですね」と声をかけられるようになりました。

その度に、「言いたいことを言っている自分は会長なんて柄ではない」と思っていました。ところが前任者が私に「次を頼みます」と言われた。さすがに、「これは逃げることができないな」と考えるようになりました。

「果たして私にその任が務まるのか」と自問自答しましたが、日本経済の大きな転換期、今こそ民間が主役になるべきときに、自分は会長にふさわしくないなどと言っている場合ではないと思い、お引き受けすることにしたのです。

経団連副会長を引き受けたとき、ひとつ決めていたことがありました。それは、お飾りのようにはならないということです。自分から率先して「あれをやりましょう」「これをやりましょう」と提案し、議論をリードしていこうと考えたのです。

そこで力を入れたのが、テクノロジーです。もともとは技術畑の人間でしたから、テクノロジーには大いに関心がありました。

そんな折、政府の「総合科学技術・イノベーション会議」「未来投資会議」の有識者委員に選ばれました。これが、私の中での大きな転機となります。

総合科学技術・イノベーション会議では、日本のこれからの科学技術に関する目標を「第五期科学技術基本計画」として2015年までに策定することになっていました。

日本の未来を考える、という会議だったわけですが、実際に参加してみると、残念なことに後ろ向きな話ばかりでした。「ドイツは日本よりも何歩も進んでいる」「日本は世界の潮流から取り残された」……。これでは、戦う前からまるで白旗を上げているようなものではないか、と私は思いました。そういう発言が、想像以上に多かったのです。

しかし、自分自身の経験から、一つの確信がありました。それは、日本のポテンシャルの高さです。例えば日本の企業は、最新技術のさまざまな数値を計算し、比較検討した上で、何がどこまでできるかをまず認識しようと試みます。それをさらに自動化し、使いやすく変えていく。そういうことが得意なのです。

これを「新しいものが生み出せない」「遅れている」と捉えていることもできます。しかし、現在は「Society 5.0」は比較検討の段階です。まだ、検討段階なのです。だから、心配することはない。むしろ、まだ大きな目標がないならば、これから如何様にも進んでいける。そういうチャンスと捉えるべきなのではないか、と私は提案しました。人類は新しい世界「Society 5.0」に、これから突入するのです。

例えばドローン技術を使って、都市だけではなく山間部や島嶼部に荷物が運べるようにする。そうなれば、物流業界の人手不足の解消につながるかもしれない。

SFのような世界が、実はテクノロジーの進化で、もう目の前まで来ているのです。社会基盤が変わる時だからこそ、このタイミングを上手く使って超高齢化社会や人口減少といった日本社会の問題を解決していけばいい。そして、この分野の世界最先端の国になればいいのです。

デジタルテクノロジーが、経済や社会の基盤を大きく変える時代。ここで日本の未来を創るべく、経団連では2018年11月に提言「Society 5.0 ――ともに創造する未来――」を発表しました。産学官が知恵を出し合い、連携を強化して人間中心の新たな社会を創造しようという提案であり、経団連の行動宣言です。

そして、こうした新しい取り組みを推し進めるリーダーの存在、経営トップの存在が、これまで以上に重要になってきています。

これからの時代に求められる経営とは、どのようなものなのか。これからの経営者に求められる資質とは、どんなものか。なぜコーポレートガバナンス改革が必要なのか。そして、いかに後継者を作っていくか。次世代の人材を、いかに採用し、育てていくのか。

今回は、世界の企業経営に明るく、かつて産業再生機構でCOOを務められ、再生の実情にも詳しい経営共創基盤（IGPI）CEOの冨山和彦さんと語り合い、それを書籍にするという機会をいただきました。

経営者のみなさんに、マネジメントのみなさんに、さらには未来を担う若い人たちに。
明るい日本の未来を創るべく、少しでもヒントになれば幸いです。

中西宏明

目次

第2章

コーポレートガバナンス改革と理想のサクセッションプラン

なぜコーポレートガバナンス改革が必要なのか？

- 村落共同体的な運用から、機能体的な運用へ
- 海外の標準記録に届くためのガバナンス改革
- 戦略を取締役会がディスカッションできないと
- CEOを選ぶのは、ボードの一番のミッション
- トップ人事は社長、会長専権事項、は通用しない
- 社外取締役がどれだけ真剣にやるか

これから「社長の候補者」に求められるものは何か？

社内の仕組みはどう変わっていくべきか？

第3章

採用が変わる、キャリアが変わる、教育が変わる

社長交代・わが社の場合

新しいカルチャーを作り上げるための徹底したガバナンス改革——186
みずほフィナンシャルグループ　取締役会長　佐藤康博

技術系の改革派が後継者。創業事業は永遠ではない——210
コニカミノルタ　取締役会議長　松﨑正年

〝モグラ叩きが得意な人〟を、社長に選んではいけない——240
アサヒグループホールディングス　取締役会長　取締役会議長　泉谷直木

おわりに
令和の時代、社長の選び方も新時代へ　冨山和彦——264

第1章

「社長の定義」が変わる

大変革の時代には、いったい何が起こるのか？

産業の構造が変わる時代の経営者とは

冨山　経団連では提言「Society 5.0」を発表されたわけですが、「Society 5.0」時代には、どんな経営の意識が必要になるとお考えですか。

中西　「Society 5.0」の時代は、端的にいえばデジタルトランスフォーメーション、ITがどんどん浸透していくということになります。これがもたらすのは、産業の構造が変わることです。言い方を変えると、構造が変わらないと企業は生きてはいけない。そういう時代がやってきたということです。

これは、どの産業もすべて同じように強烈な変化があります。リテールの勝負も変わる。製造やサービスのあり方も変わる。ロジスティックスも変わる。まさしく産業構造が変わるんです。そういう時代の経営者である、という前提に立った議論が必要なんですね。したがって、まずは変化に対して極めて鋭敏であり、むしろ自ら変化をクリエイトしていくことができるようなセンスを持った経営者でないと、これからは経営をやってはいけないんだと思うんです。

冨山　過去は、今のような劇的なトランスフォーメーション、変化や転換がなかった時代が長く続きました。だから、オペレーショナルなこと、過去の延長線上にあるものについて改善改良を積み重ねながら、その中で緻密にモノを作っていって、確実にデリバーすることができるかどうか、というのが勝負を分けてきた部分がありました。

ですから当然、企業のありようや文化の中に、そうした改良改善のようなものに馴染む組織文化や組織能力が、日本の会社には良くも悪くも蓄積されていると思うんです。その慣性モーメントは、けっこう強烈だと思うんですが。

中西　強烈ですし、そういうところに合う人が偉くなっていきましたから、ますます慣性は強くなっていきました。オペレーションに優れた人が経営者の候補として上がってくる会社は今も多いと思います。

日立でもあるとき、下から上がってくる「この人いいよね」という候補が、ズラッと全員そういう類型パターンに見えてしまった時期もあります。みんな真面目だし、しっかりしているし、人間性も優れているし、人としてはとてもけっこうなんだけど、では次の経営者になれるか、といえば、別の話なんです。

冨山　ちょっと個別企業の話になってしまいますが、例えば日立製作所でいえば、まさに経営の厳しいときに、このままではいけない、オペレーショナルなリーダーではいけない、という実感を持たれ始めたんでしょうか。

中西　日立は、2008年度に7800億円を超える、日本の製造業史上最大と言われる赤字を出しました。事業構造改革を行うためには、経営陣が変わらなければいけなかった。創業が1910年ですから、できてから100年以上になるんです。売り上げは国内外で約9兆円、従業員数は約30万人ととても多いのですが、利益は利益率が上がったとはいえ、まだまだ少ない。

過去、日立は一貫して製品の範囲を拡大することで伸びてきたんです。これは日本の高度経済成長期と一致しています。製品を増やすことで、売り上げが伸びるという構造は、おそらく1970年代から1990年代まで一貫して多くの日本企業がそうだったのだと思います。

冨山　そうですね。

ロスメーキングの分野だけを削ったわけではない

中西　ところが、ここからつまずきが始まる。1990年代までは、製品を拡張すると一貫してそこそこ利益をあげて成長できたという、日本経済にとっても大変良き時代だったわけです。以降は、空白の20年などと言われていますが、私どもの利益を表にしてみるとまったくその通りになります。大きな波が来るたびに大きなロスを出すという歴史を繰り返していった。20年の間に事業構造改革をやる、と言いながらできなかったというのが、正直なところだったんです。

すべての製品が利益を生み出すわけではなくなって、製品の数を削らないといけなくなっていく。拡大することが、まったく逆方向に振れていったんですね。

冨山　そこにリーマンショックがやってきた。

中西　だから、そのときに低収益分野をなくしていったんです。ロスメーキングの分野を一所懸命に削り落としていった。

実はこのときは、必ずしもロスメーキングだった分野だけをなくしたわけではありませんでした。薄型テレビは市場が壊れてしまったので、早く止めなければいけないと考えていました。これは単純明快です。

ところが、自動車機器関連は、リーマンショックのときなど大赤字になってしまったんですが、よく考えてみると、次は電機メーカーが自動車において重要な役割を果たすことができるという直感があった。ですから、この事業は再編し、組織を強くして、最も強力な経営陣を敷きました。ただ、まだ投資の時期ですから、果実を楽しむというところまではいっていません。

一方、ハードディスクの事業などは、実は利益が出ていました。しかし、大変ボラタイルというか、市場構造が急速に変わっていくので、日立のようなコングロマリットのポートフォリオの中で、こうしたボラティリティ（変動率）の高い事業はできないと私が判断しまして、売却しました。

冨山　この事業は、中西さんが率いておられたんですよね。それを自分で手放された。

中西　はい。私が自分でやっていた担当事業でした。現在では、日立のハードディスク事業は、ウエスタンデジタルという会社になっています。

ですから、必ずしもロスメーキングを消すというだけではなくて、構造に応じた対応策を行った結果として、安定した利益が確保できるようになりました。ただ、すべてがうまくいったのかというと、そういうわけでもない。やってみたらダメだったというのもすべて含めて、構造改革は今も推し進めています。

冨山　マーケットからの反応はどうだったんですか。

中西　ロスメーキングの分野を一所懸命に削り落としているときは、それでもまだまだ幅広い事業カバレッジ（範囲）、ポートフォリオを持っているので、投資家からは「お前の会社の業績はまったく予想できない」と言われました。

「一つの事業が伸びると他の事業で言い訳をする」などとも言われました。散々に言われましたね。こうしたポートフォリオ、コングロマリットのデメリットをどうやってメリットに変えられるか、というのは大きな経営課題でした。

コングロマリットであること自体が目的ではまったくないんですが、このことをうまく社会に貢献できるような形でベネフィットにすれば、必ず企業価値は上がるはずだという見方もできるということで、それに挑戦してきたんです。

冨山　日本企業の多くが日立のような取り組みをできていれば、日本の評価はもっと上がったでしょうね。

1兆円近くあった電子デバイスが、今やゼロに

冨山　総合電機メーカーの姿もずいぶん変わりました。

中西　はい。一番わかりやすいのは、電子デバイスです。2000年のときには1兆円近い売り上げがあった。ところが、今はゼロにしてしまっています。これは半導体です。半導体とディスプレイのような製品については、すべて整理したんです。
家電も減っています。テレビとかVTRとか、こういった類のものも諦めざるを得なかった。市場の構造がまるで変わってしまったからです。今後も、中国や韓国、そういった国が勢いを増すだろう、と。
逆にそうではない分野はしっかり取り組もう、ということで、社会・産業システムや情報・通信システムや自動車関連を拡大させるなど、事業内容にも変化が出ています。

冨山　関係会社はいかがですか。

中西　10兆円の売り上げをあげるために、ビジネスポートフォリオをどんどん拡大していきましたから、連結する会社だけでも大変な数になっていました。これは今でもそうでして、会社の数自体はあまり変わらないんですが、中身は大きく変わりました。国内の会社はまだ残っていますが、半分以下にしました。

海外は、会社の数え方の問題で、一つの新しい地域に出て行くと一つずつ勘定してしまうということで増えてしまうので、数は仕方がないという認識をしています。

数の問題ではなく、いかに本当にコンソリデート、管理統合ができるようなガバナンスを作っていくかという課題こそが、グローバル化の場合は重要になっていくという考えを持ってきました。

コングロマリットですから、単一の事業と違っていて、全体としての財務体質やガバナンスの方向性ということに、すごく気を遣います。7800億円を超えるような赤字を出したときには、完全にバランスシートが壊れたと思いました。

資本増強、増資に一所懸命取り組み、大変苦労しましたが、それ以降、順調に株主資本の強化をしています。新たな展開にも挑んできました。株主資本比率やD／Eレシオ(Debt Equity Ratio＝負債が資本の何倍に当たるかを示す指標)は、一度にはそうそう改善しません。投資が別の形で出てくるので、このあたりはまさに投資家との対話がとても大事なポイントでした。

お前の会社は一体どういう資金の使い方をして、どういうリターンを狙うのか、ということをシンプルに説明し切れないと、すぐに売られます。構造改革が始まっても3年程度は、株主との対話には大変苦労しました。一所懸命に説明して、ようやくわかった、よくやった、と理解が進み、だんだんと株価が上がりました。

冨山　ただ、それが長くは続かなかったわけですね。

中西　一旦、停滞感が発生すると、特にグローバルな投資家達の間では、一斉にグロース株ではなくバリュー株という位置づけになります。そうなると、ファンドのサイズが一度に変わりますから、海外の投資家が売ってしまう。そういう格好になる。

日本全体の問題もありますので、株主の行動もそれほど単純ではないと思う一方で、苦労していたのが、フリーキャッシュフロー（経営サイドが自由に使える原資金）でした。これを一番しっかり考えないとダメですね。この点に関して、一貫して着実に改善していくというのは、オペレーションの本当の肝だと思いました。

冨山　おっしゃる通りです。

中西　そういうことに取り組んでいこうとすると、現実には実務の話がとても大事になる。これだけのポートフォリオを持っていて、日立グループは製造業の代表のように言われてきましたが、工場が中心のオペレーションだったんです。

まずは工場からスタートしてしまう。例えば、資材の調達。当時は6兆円もの規模になりました。大変に大きな調達をしていたわけですが、それをすべて個別でやっていたというのが、まさに実態でした。

これをグローバルにすべて集約しました。集約購買です。世界で最も合理的な調達をしていこうということで、これが収益力の一番の基本になりました。

間接業務についても、今やアウトソーシングの時代ですから、やはり同じようなことが言えまして、各ビジネスユニット単位に、これが最適だという主張を認めない、というガバナンスがとても大事でした。

守りの経営が通用するのは、せいぜい2、3年

中西　事業構造改革を断行してからは、比較的順調に行ったんですが、また大きな壁にぶつかる

んです。ロスメーキングを克服するだけでは、限界がやってくるということです。経営が厳しいときは、みんな必死だった。ロスメーキングのところを、どんどん削っていく。

冨山　まぁ、やることははっきりしていますよね。

中西　そうなんです。ちゃんと価値判断さえ線引きできれば、それはできるんです。でも、問題は次なんですよ。構造改革をやり終えた後、今度はプロフィットやベネフィットの創出が問われる。次の成長路線を作らないといけない。

ここで、新しい時代のリーダーシップや、それを生み出すことを可能にするコーポレートガバナンスが力を発揮してくるんです。

実際、次の成長路線を作るといっても、なかなか出てこない。ちゃんと改革すれば、利益率でいうと、そこそこ稼げるようになっていくんです。利益はしっかり出るようになる。でも、ノーグロースなんですね。成長が見えない。だから、株価はまったく上がらない。守りの経営ができたとしても、攻めで見たとき、それができないリーダーシップはボトルネックになってしまう。

最悪の大赤字のときは、やはり守り7割でした。そうするしかなかったし、そうする必要があった。でも、守り7割が通じるのは、せいぜい2年か3年。その間に、研究開発投資でどこを重点にしていくのか、が問われてくる。その決断をしないといけない。投資って、考え出した瞬間から、攻めのシナリオがないといけないんですね。オペレーションに長《た》けた人材というのは、攻めに向かないんですよ。

冨山　基本的には守りですものね。オペレーションというのは。私自身、企業再生の仕事を長くやってきましたので、中西さんの話はとてもよくわかります。

日本の会社の過去のパターンは、10年に一度、大きな構造改革の契機がやってきて、そこでまさに今言われた引き算の経営、守りの経営をワッとやるんです。でも、経営状態が戻ると、また元のパターンに戻ってしまう。

そして、またオペレーションをずっとやっていると、しばらくすると実は外でじわじわ変化が起こるわけです。今回は、デジタルトランスフォーメーションという大きなうねりが来てしまった。

また、残ったうちのいくつかが病《やまい》になってしまっていますから、10年に一度、大リストラをやることになる。こういうことを、過去何度も繰り返してきた印象があるんです。

中西　だと思いますよ。

冨山　やっぱり、そうなんですね。

中西　電機業界もそうですから。
冨山　だんだん縮小していきましたね。
中西　カットオーバーしていく仕事が多かったですよ。
冨山　さすがに、今回はそこは脱却しないといけないということですね。
中西　そうです。だから、次どうする、といったとき、自分の持っている従来の稼ぎ頭をいかに諦めるか、という決断もありうる。それは、次の攻めがないとできないはずなんです。

経営トップに求められる資質は、昔とどう変わったか？

20年、同じ仕事をしてきた人に経営ができるか

冨山　トップの経営力が、かつてないほどに問われる時代になっているということですね。

中西　しかも、これだけ変化の激しい時代ですから、企業トップの判断が、まさにカギになる。経営判断そのものが、会社の方向性を大きく左右する。そういう時代になった。ここが、過去との一番の違いではないでしょうか。

電機業界でいえば、かつてはモノづくりで横並び、同じような業態の大きな会社がいくつもあって、それが競い合っていた。

ところが今はそういう企業の風景からガラッと変わってしまった。いいモノを作ったから、モノが売れるという時代ではない。何を強みにして、どういう市場を攻めていくか。

これは取捨選択などというものではなく、どうやったらサバイブできるか、という判断なんです。それをやっていくことができる人がリーダーをしていないと、やはりおかしくなってしまいます。
しかも、マーケットはグローバル化していく。そうなると、経営者がグローバルな環境でトレーニングを積む機会は、日本ではとても少ないですから、ここでも足りないものが出てきてしまう。

冨山　やっぱりオペレーションで経験を積んでいただけでは難しい、と。昔は、良き課長さんが良き部長になり、良き部長さんが良き取締役になって、良き取締役が常務、専務、副社長、社長という流れがあったと思うんです。もちろん既存のビジネスからしっかり稼ぐためにオペレーショナル・エクセレンス、連続的な改善改良力は今の時代でも大事ですから、「工場長」まではそれでいいかもしれない。
でも、もうトップ経営者に関しては、そんな感じではない、と日本を代表する巨大製造業の経営陣もお感じになっている、ということですね。そうすると、これからの時代の経営者になり得る人、あるいはそういうポテンシャルなり、資質なり、要件などは、ずいぶん変わるということですよね。

中西　今、冨山さんがおっしゃったように、昔はやっぱりちゃんと工場のオペレーションができて、その中からリーダーを選ぶという、そういうプロセスだったんです。

私ども日立の場合ですと、工場主導型のオペレーションでしたから、工場そのものが人材の育成機関でもあった。

まずは一括採用で入った新卒者を工場に割り振って、工場が責任を持って育てるということだったわけです。でも、それが限界に達したんだと思っています。

オペレーションだけは十分にトレーニングできるし、技術情報のサーベイだったりもあって、マーケットもある程度はわかるんです。でも、工場を中心にモノを考えている限り、オペレーションのプロフェッショナルはできるけど、そこまでです。

例えば、経営の方向性を変えないといけない、ということに対するセンシティビティ、感受性やセンス以前に、そういうことをするための勇気を養う場がないんです。

すごく優秀で、実績もあって、20年間、同じ仕事をしてきた人が、じゃあ、その企業体の将来を考えられるか、というと、やっぱりできない。

これは、経営者が特別優秀で、それ以外とは違うんだ、などと、そういうことを言うつもりはまったくないんです。でも、一つのプロフェッションとして、経営の全体感が持てるか、ということが問われてくる。そのためのトレーニングの場が必要で、それは若いうちからやっておかないといけない、と思うわけです。

修羅場のとき、リーダーの本当の力が問われる

冨山　バブル崩壊期、おそらく戦後で最もいろんなことが日本企業に起きていた時期に私は産業再生機構にいて、いろんな経営者を見てきました。そのとき、オペレーショナルなラインから、「この人はいい人だ」ということで上がってきた経営者をめぐって何が起きるのか、たくさん見たんですね。

強く印象に残っているのは、そんなふうにして上がってきた経営者は、本当に会社が生きるか死ぬかの間際のときにどうなるのかというと、部下に対してこんなことを言い出すわけです。

「君はどう思う？」

「銀行はどう言ってるんだ？」

「役所はどう言っているのか？」

これは本当の話です。あれかこれか、生きるか死ぬか、足して二で割る妥協が許されない厳しい鮮烈な決断を迫られたとき、自分で物事を決められない。そんな経営者を、何人もあのときに見てしまった。どうして、こういう人が経営者をやっているんだろう、と正直、強く感じたのを覚えています。

もうひとつ、これはＪＡＬの再建などのときにも感じたんですが、ある意思決定をしたときに、意思決定をした結果としてリパーカッション（反響）、起きて欲しくないようなことも起きるわけですね。

トランスフォーメーショナルな大胆な意思決定というのは、会社の構成員全員がハッピーにはならないわけです。多くの場合、光と陰が生まれてしまう。その光と陰が生まれるということに対して、ものすごくストレスを感じるリーダーがいるんです。

それを避けたくてしょうがないタイプの人。でも、意外にこういう人は多くて、「冨山さん、そんなことを決めたら大変なことになりますよ」と言ってきたりする。「組合問題が火を噴きますよ」「政治が黙ってませんよ」等々。「だから、やりたくても、できなかったんですよ」と。

でも、私からすれば、やっていないから、すでに大変なことになっているわけです。しかも、このまま放置していたら、もっと大変なことになりかねない。実際には、やってみても本当の意味で大変なことにはなりません。で、私たちがばっさりやってしまうと、もちろん短期的に厳しい批判は受けますが、やがて事業が立ち直ってくるとそんな批判は雲散霧消する。一番激しく批判していた当人から後で感謝の手紙が来たりする。

結局、自分の意思決定の結果に対するリパーカッションのようなものをすべて引き受ける覚悟がない状態の人が経営者やリーダーになっていたり、あるいはそういうことに向いていない人が偉くなっていってしまったりすると、会社には悲劇だと思いました。

中西　経営をやってみると、そういう「嫌がろうと何をしようと、これはマーケットとして成立しないよな」ということはありますよね。そういうときには、早めに諦めたほうが、はるかにその人、当事者にとってもプラスなんです。

当初は反発したり、抵抗を示そうとしたりする人が出るんじゃないか、というイメージも浮かぶかもしれませんが、結果的にはその人にとってもハッピーなんです。マーケットとして成立しないわけですから。別のチャンスを得たほうがいいんです。だから、1回でもこういう経験をすると、何のためらいもなくなりますよね。

冨山　本当にその通りです。構造的にどんどん弱くなっていくノンコア事業も、玉砕するまで引っ張ってしまうことは、むしろ不幸なことです。赤字になってしまうと、みんなに辞めてもらう清算撤退しかできなくなってしまう。だったら、まだ何とか黒字が出ているうちに売却撤退するようなことをやったほうが、そこで働いている人たちのためにもなる。なのに、リパーカッションを恐れて、多くの場合、まさしく玉砕状態まで引っ張ってしまっているケースが過去は多かった。私が見た案件は、ほとんどがそういう感じでした。

自分で決断ができるリーダーでないといけない

中西　事業をやっている当事者が、自分の事業がもうダメだ、という決断ができないんです。しないんです。それは、部下から上がってくる話ではないんですよね。これこそが、経営者の役割です。

冨山　そうなんです。なのに、トップが下から上げてもらおうとするんです。部門長に「どう思う？」と。もしくは「再建案を考えろ」ですね。これが、本当にそうなんです。産業再生機構で再生に携わったカネボウなんて、ずっとこれで引っ張っていったんです。

上司に言われたら、部下は逆らえない。だから、毎回毎回、かわいそうに必死で考えるわけです。

部下だって、状況はよくわかっている。でも、「この事業は東レに売却したほうが……」「帝人に買ってもらったほうが……」なんてことは言えない。

だから、小出しのリストラ案を出していくわけです。涙ぐましいんです。それでも、事業はどんどん悪くなっていってしまった。最後は、本当に悲惨な本土決戦のような状況になってしまった。


中西　でもこういうことが、本当にありがちなんです。だから、やっぱり上から、トップダウンで行かないといけないんですよね。

それはやっぱり経営者の責任ですよね。何よりマーケットに対して、シビアに見つめないといけない。

「このマーケット、本当に攻めるなら、このくらいお金がいるな」

「こういうリソースがないとマーケットでは勝てないな。それは出せないな」

ということがわかったら、諦めたほうがいいんです。

冨山　結局、当人たちも不幸になる。最後に不幸になるのは、中西さんのおっしゃった通りで、現場で働いている人たちですから。彼らが一番ひどい目に遭うんです。だって、本土決戦になっちゃうんだから。そこで一番死ぬのは兵隊ですから。そういう話ですね。

中西　だから、自分で決断ができるリーダーでないといけない。決断できるかどうかには向き不向きもあるかもしれないけれど、自分が決断しないとどういうことになるか、という認識が何よりやっぱり持てないといけない。

冨山　実際、そういう認識がちゃんと持てれば、ためらわないものです。決断することが正しいか、決断しないことが正しいか。考えたら、わかることですから。

中西　最後はこうなっちゃうんだから、とリアルにわかるか、ですね。実際、リーダーが決断しなければ、最後は大抵、残念なことが起きる。

冨山　いろんな選択肢があるのも事実です。それは別の解も絶対に否定できないということはあるかもしれないけれど、だいたい経営していればわかります。

中西　経営者に限らず、本音では思っているんですよ。カネボウだって、この事業に未来はない、ということはみんな思っていた。

冨山　でも、やはり創業事業で、かつての圧倒的な中核事業で、まだ従業員の半分くらいがそこで働いている、となったら、手をつけられないと思ってしまう。そういう聖域を作ってしまったわけです。

中西　しかも、デジタルトランスフォーメーションの時代というのは、マーケット状況が極めてシビアになっていく期間が、ものすごく短くなってしまっています。すばやく決断をしないと、とても持たせられない。

冨山　それこそ、今が好調だったとしても、先はわからないですものね。液晶事業で最高益を上げた関西の総合電機メーカーがありましたが、その数年後に一気に経営危機に陥ってしまった。

たった数年で、バタバタバタバタバタッと産業が消えたりするわけですから、恐ろしい時代です。

中西　怖いですね。

冨山　裏返して言えば、今どき新しい事業を創りだす上でもトップの役割は決定的になっているように感じます。

最近、イノベーション指向の成長戦略のキーワードとしてオープン・イノベーションと言う言葉が大流行《おおはや》りです。このお手本として、シリコンバレーのネットワークを通じてロシアや米国のベンチャー企業の力を使って事業のイノベーションを成功させてきたコマツがあります。じゃあなぜうまく行ったのか。

坂根（正弘）さん（コマツ元社長）や野路（國夫）さん（コマツ取締役会長）が強調されるのは、コマツではトップ自身が現地に行って、迅速に即断即決でやってきたからああいう世界で相手にされ、有力なベンチャーとオープン・イノベーションを実現できたという話です。

しかし、日本の大企業の多くは伝統的なお作法に従い、現場の人が話を聞いて本社に持ち帰って、上司や関係部署にお伺いを立てて……とボトムアップでやっている。

私は東大の産学連携活動を草創期から20年以上手伝っていて、東大発有力ベンチャーのピッチイベントにも関わったりします。そこから世界に羽ばたいて行ったベンチャーも結構あるのですが、おひざ元にもかかわらず、日本の大企業から参加する方はせいぜい部課長レベルで、具体的な権限を持っていない人たちです。だからイベントに来て報告書を書いて終わり。欧米のようにトップが自らやってきて、その場でリアルな商談や、出資、買収の話にはならない。もちろん私の場合は自分がＣＥＯなので、その場で決める気まんまんでその場にいます（笑）。

これでは「オープン・イノベーションの時代だ！」と掛け声を一所懸命に唱えても、単なるおままごとの域を出られない。ここでもまずはトップ経営者自身の戦闘力、決断力がことの成否を大きく規定してしまう時代だということです。とにかく何事も激しくて速い。

経営が見られるような訓練をしないとダメ

冨山　だから、今年最高益になった、というのは、実はその事業は危なかったりする、と私は考えています。

でも、こういうことはトップにしか判断できないですから。絶好調の当事者の工場の人が、「最高益だから事業はこの先、危ないかもしれないぞ」なんて危機感を持つなんてことは、まず無理でしょう。

中西　忙しいし、仕事はいっぱいあるし、「何を言っているんですか」でしょうね（笑）。

冨山　よく私は「ひまわり時計」で話をするんですが、正午を過ぎて午後2時くらいになって、気温は最も高くなるけど陽がちょっと傾きかけてきたな、くらいが危ないんです。3時を過ぎると、スーッとつるべ落としみたいに陽が落ちていくんです。

工場にいる当事者は、絶好調で忙しい中で、オペレーショナルなことを必死でやっているわけですから、「ひまわり時計」なんてとても意識していられない。

でも、経営の立場は違う。「ひまわり時計」が何時くらいか、ということを常に見ておかないといけない。「あ、もう12時過ぎたな」と思ったら、いろんな選択肢を考えておかないといけないんです。それはやっぱり現場の人には厳しいですよね。

中西　だから、経営者という職種があって、この職種の人たちは、そういうことをちゃんと見ることが役割であるし、そういうことをちゃんと見られる訓練をしないとダメなんです。

冨山　オペレーショナルなチームがウォームハートで盛り上がって仕事をしている中で、クールヘッドで状況を見つめる役割ですね。

経営者には、ウォームハートもクールヘッドも両方とも必要なんだとは思うんですが、クールヘッドがないと会社をつぶしてしまいかねない。少なくとも、それははっきりしています。だから、経営者というのは大変な仕事なんです。

中西さんが言われたように、やっぱり経営者というのは、一つのプロフェッション、専門職なんですよ。ゼネラリストと言ってもスーパーゼネラリストという専門職。なのに日本では、残念ながら長い間、経営者を一つのプロフェッションとして位置づけてこなかった経緯があった。

サラリーマンの延長線上にあるゴール。上がりポスト。そんなイメージで捉えている人も少なくなかったのではないかと思います。結果的にそれが、厳しい言い方をすると「なれの果て」のような経営者まで、生み出してしまった。

中西　だから、創業者というか、自分で事業を作った人で、きちんとプロフェッションを持ってきた人は、すごいと思いますね。実際、長くやっているオーナー会社の中には、うまくいっている会社も多い。

冨山　そうですね。その人が元気な間は、というケースもありますけど。

私が伺いたいと思ったのは、どうして日立のような伝統的な大きな会社から、中西さんや、中西さんの前に社長を務められていた川村隆さんのような人が出てきたか、なんです。工場でオペレーショナルでコツコツ、という育てられ方をしたわけですよね。なのに、そうじゃないタイプの人材が、会社の危機的状況のときに浮かび上がってきた。これは偶然なんですか。それとも、突然変異なんですか。

中西　それはなんともお答えしにくいですね（笑）。

冨山　私は、長年サラリーマンをやったことがありませんので、ここはちょっとぜひとも伺いたいんですが。

これからの経営に本当に必要なマインドとは？

会社の仲間をリストラしなければならなかった

中西　いや、でも振り返ってみると、やっぱりある意味では、エリート教育のようなものが、昔はあったんですよ。私の上長は偉かったんだと思うんです。私がまだ入社10年に満たない、いわゆる技師の頃から、「あっち行け、こっち行け」と、どんどん外に放り出されて。

冨山　そうだったんですか。

中西　ええ。「こいつはどこへ出しても、適当なことをしゃべってくる」というふうに思ったんでしょう。だから、お客さまのところにも、すごく早く、若い頃からどんどん行かせてもらっていて、それはもうすごくいいオポチュニティをもらっていました。

冨山　それは、そういう上司を持って、運が良かったということでしょうか。

中西　そうですね。事業も、制御とシステムの工場でした。制御対象のお客さまは、幅広くて多様でしたから、これも大きかった。私がエンジニアとして最初に携わったのは、当時の国鉄と一緒に行った山陽新幹線の運用管理システムの開発だったんです。お客さまと、組んずほぐれつで新幹線の制御をしていく。こういう仕事でしたから、お客さま目線というのが、最初からよく分かったんですね。システムですから、列車を作って、納めるだけではありませんでしたから。

冨山　なるほど。その意味では、いわゆる日立の典型的、王道的な感じではなかったわけですか。

中西　どっちかというと、違うと思います。川村さんは、典型的な王道なんですけど。

冨山　となると、突然変異ですか。

中西　川村さんは、とてもクールなんです。

冨山　たしかにそうですよね。

中西　発電機屋さんなんだけど、その時期から「そんなの作ってちゃダメだ」と言っていました。私は川村さんとは、職場は一緒になったことがないんですが、よく話を聞きに行っていました。ぺーぺーの頃から。だから、年中、会っていましたよ。

冨山　じゃあ、日立の中では変わったタイプだったんですか。

中西　そういうわけでもないんです。経営者としても、オーソドックスです。日立工場、保守本流ですし。

冨山　でも、そういうクールさを持った人が、あの危機的状況で登板されたということですよね。そして実際に、中西さんたちも一緒になって大胆な構造改革を推し進め、奇跡的なV字回復を成し遂げた。結局、クールにやらないと悲劇が起きるんです。情に任せてジャッジメントすると、そのあとは、さらなる悲劇が待ち構えている。ドラマだと、最後は逆転でうまくいったりしますけど、現実はそうはいきませんので。

中西　冨山さんのクールさは、コンサルティングをやっていたことが大きいんですか。

冨山　いえ、そうではなくて、自分の経験なんです。大学を卒業して外資系のコンサルティング会社に入った後、仲間たちと新しくコンサルティング会社を立ち上げたんです。その後、この会社が倒れかかったんです。それが、まず原点なんです。32歳から33歳にかけて、自分の会社の仲間をリストラしなければなりませんでした。それまでは、ベンチャーモードで、ウォームハートや情熱でワァーッと盛り上がって会社を成長させることができたんですね。

でも、後から冷静に考えたら、いくつかの無理があるんです。振り返ってみると。それで、あ、やっぱり現実って、こうなっちゃうんだ、お金がなくなっちゃうと会社ってつぶれちゃうんだ、という現実を知りました。

中西　それが大企業にはないんですよ。お金はなくならないと思っている大企業の人間は実は少なくない。

カネ儲けがいかに大事か、ばかり言っていた

冨山　私の場合は、あと3カ月で給料が払えなくなるところまで行きましたから。いや、本当にわかったのは、お金がないと給料は払えないということです。そんな状況では、もちろん誰もお金を貸してくれませんし、担保もない。だから、これが原点なんです。

結局、お金まわりというのは、数学、物理学です。ないものはない（笑）。1引く1は0にしかならないんですよね。それを情熱でなんとかしようとしたって、1引く1が1にはならない。

実はこのとき、スタンフォード大学のビジネススクールから戻ってきた直後だったんです。ビジネススクールでは、抽象論的にお勉強をします。キャッシュフローも学ぶ。そうか、DCF（Discount Cash Flow）か、なんて覚える。

それで日本に帰ってきて分かったのは、「キャッシュフローって、資金繰りのことだったのか」ということでした（笑）。バリエーションは、アニュアル（年繰り）でやるんです。でも結局、現実の経営で見ているキャッシュフローというのは、もう月繰り、日繰りなんですよね。

そうすると、そこで分かったのは月末残高というのは意味がなくて、残高の底は25日だということです。給料日の後です（笑）。25日を見ないといけない。

ビジネススクールに行きましたから、計算の仕方は知っていたので使いましたけど、しょせん人間なんて、そんなものだと思いました。机上と現実は違う。やはり、経験をしないと。

他方で、ああいう経験をしたから、会社全体としても本当に強くなりました。評論家的なお気楽コンサルティング会社とは一線を画する戦闘力が組織として身に付きました。

中西　正直な話、やっぱり大企業の組織の中で生きていると、キャッシュの苦労ってしないんですよ。だから、ダメだな、と思います。

冨山　でも、構造改革のときは増資もされて、そういう対処もされたんじゃないですか。

中西　それを心配したのは、ごく一部ですよね。

冨山　そうですか、みんなではない。

中西　はい。本当にキャッシュが底をついちゃうとか、D／Eレシオがこんなになっちゃったとか、自己資本比率がここまで来たとか、そう言っても「ふーん」ですよね、ほとんどの社員は。

冨山　遠いところで起きている、お上の上のほうの出来事、という感じなんでしょうね。

中西　そうですね。だから、私が今も年中やっているのは、カネ儲けがいかに大事か、という話なんです。いや、2010年に社長になったときは、もうそればっかり言っていました。カネを儲けるというのは、いいとか悪いとかじゃない、儲からなかったときは大変なことになるんだぞ、と。それこそ、工場があったって、食えないんですから。整理して潰そうと思っても、カネはいるんです。

冨山　そうなんです。会社も葬式代って、かかるんですよね。それこそ、葬式も出せないから死ぬこともできなくなっちゃう。そういうこともありますね。

中西　いや、それが現実ですよ。

需要が消える、という恐怖を味わった

冨山　実は自分たちの経営再建のときも、まず困ったのがリストラだったんです。退職金、ちょっと上乗せして払わないといけないんですが、カネがないと退職金を払えないんです。だから、リストラもできない。訴訟になりかねませんから。

先立つものがないと何もできないということを、このとき痛感するんです。経営的リアリズムです。

中西　カネ儲けするったって、別に自分の懐に入れようと思って言ってるんじゃないんだよ、と（笑）。

冨山　でも、そういう危機感を、キャッシュが潤沢にあると全員が思っている大きな会社で醸成していくのは、とても大変だと思うんです。そもそも中西さんは、どうしてそういう危機意識が持てるようになったんですか。

中西　どうしてでしょうね（笑）。現実を見ると、そうだからですよね（笑）。

冨山　リアルなところで、家庭環境とか。

中西　私は、中小企業の経営者の息子でした。

冨山　あ、だからじゃないですか。それはあると思うなぁ。

中西　あると思う（笑）。跡継ぎはしなかったけど。

冨山　映画『男はつらいよ』で、寅さんのところに出入りしている印刷会社の社長、タコ社長がいつも「手形が落ちない、落ちない」って言っていましたよね。あれが、中小企業のリアリティですよね。

中西　でも、大企業の中でずっと育ってしまうと、そのリアリティを知るのは難しいでしょうね。だから、普通のサラリーマン家庭で育って、順調に大企業に成績優秀で入った人は、ほぼ役に立たない、と言っている人は少なくない（笑）。

冨山　そういう現実に、合わせられない。

中西　でも、これが海外のオペレーションをやると、体感できたりするんですよ。

冨山　なるほど。それは起きますね。

中西　だから、経営者になる人は、絶対にやるべきだと思う。

冨山　本国が資金を送ってくれないからカネがなくなってしまう。給料が払えない。そういう状況ですね。それこそ金融危機とかになっちゃうと、銀行とかもすべて止まったりするので、平気で起きちゃいますものね。

中西　起きますね。

冨山　リーマンショックのときも、自動車メーカーですら、北米のオペレーションでかなり厳しい状況になったと聞きました。

中西　私なんか、そのときアメリカにいて、年商5000億円のハードディスクドライブの会社の経営をしていたんですよ。

冨山　それは大変だったでしょう。

中西　需要が消えるって、こういうことか、ということを痛感しました。すごいんです。

冨山　あのときは、デマンドは瞬間でなくなっちゃいましたものね。

中西　本当にデマンドが消えた。いつも11月、12月というのは、追加の注文の対応をどうするか、という時期なんです。クリスマス商戦とかもからんできて。ところが、それがバタッと止まってしまった。

しかし、年間1億台近く作る量産工場を持っているわけですよ。そこでバタッと出荷が止まるというのは、すごいことなんです。工場の中が部品で溢れてしまうわけです。

計算できないことが起きたときに、どう対処するか

冨山　なるほど、お金は入ってこないけど、部品は入ってくる。

中西　そうです。だって、止められませんから、部品は。これは大変ですよ。しかも、かなりの数の協力企業があって、そこへの支払いもしないといけない。でも、一方で、私たちは出荷していませんから、お金は入ってこない。

冨山　運転資金が急激に減るわけですね。

中西　そうです。

冨山　それは、貴重な経験ですね。

中西　いや、生きた心地がしなかった。本当に。

冨山　気持ちはわかります。お金がなくなったときって、生きた心地しないですよね。

中西　しかも、お金以上に危機感を持ったのは、部品がものすごい勢いで貯まっていってしまったことです。1万2000人が働いている工場をタイに持っていたんです。この工場、かなり広かったんですが、部品でいっぱいになってしまって。

冨山　お金のみならず、部品でも。

中西　お金は相当駆けずり回りました。本社からの送金も含めて。それからあとは、やっぱりさばく道筋を徐々につけていって。生産をガーッといっぺんに絞って。

冨山　逆に協力会社が潰れたりしたら、むしろ危ないので、そちらの支払いはちゃんとやる、ということをみなさんされていましたよね。すぐに銀行とか動けないわけですけど。だから、こういうときに問われるのが、経営力であり、リーダーシップですよね。

中西　そうですね。計算できないことが起きたときに、どう対処するか。まあ、こういう経験を一度やると、腹が据わるんです。だから、厳しい経験をしたほうがいいんです。

冨山　こういうときに資質が分かる、とも言えますね。そこで凍っちゃう人と、むしろアドレナリンが出ちゃって、もう何日も寝なくても平気になっちゃうタイプの人と、分かれませんか？

中西　分かれます。根本的なところ、でしょうね。厳しい話ばかりしていますけど、だからこそ大事な資質があるんです。経営者って、楽天的じゃなきゃダメだということです（笑）。明るいお父さんみたいな存在ですよ。

冨山　ちょっと頭のいい寅さんみたいな人でしょうか（笑）。そうじゃないと、やってられないところもありますからね。

中西　そう。「いや、なんとかなるよ、やろう！」といつも言えるか。

冨山　やっぱりアクションが大事ですよね。そこで考え込んでしまう人がいるんです（笑）。悩んでしまう。でも、そんな暇があったら、なんとかお金を調達してこい、部品を捌《は》いてこい、売り先を探してこい、という話ですよね。

中西　だから逆に危ない機会というのは、人の資質を試す、いいシチュエーションですよね。

冨山　まあ、あんまりあってほしくないですけど（笑）。

中西　多かれ少なかれ、やっぱり有事で問われる、というのはそういう話です。

また、こういうことって、起こるんですよ。現実はリーマンショックのような、マーケットそのものがある意味もう崩壊しちゃったような話というのは、説明して理解すれば、「あ、そうか、しょうがなかったね」で済みますけど、そうではなくて、つまらない失敗から、とんでもないことが起きたりするんです。

そのとき、起こったことでおたおたするようでは困る。それが、経営者としての一番重要なポイントかもしれない。

起こってほしくないことは、常に起こる

冨山　大事ですよね。逆にずっと平和だと、ちょっとなんか起きないか、と思ってしまったり、なんていうのは言い過ぎでしょうか（笑）。

中西　いや、ちゃんと起きるんですよ（笑）。これは、不思議なくらい起きる。企業も生き物ですから。だから、常に起こると思っていますね。

冨山　地政学的にも世の中が変わっていくので、クラッシュにしても、すぐに世界中に伝播していきますよね。しかも、マーケットクラッシュだけではなくて、それこそテロにしても、天災にしても、あるいはウイルスのような感染症のような話もある。
ＪＡＬだって結局は、ＳＡＲＳとリーマンショック、この2つでやられているんです。一つは感染症の問題だったんです。
しかも、現代はデジタルトランスフォーメーション自体が、ある意味で状況を不安定にしています。

中西　そうですね。伝播が速いから。

冨山　あっという間に起きやすくなっている。逆にそういう状況が起きたとき、ちょっと不謹慎な言い方ですが、ある種、アドレナリンを出して燃えて立ち向かえるような人でないと、これからの経営者をやっていくには、ちょっときついかもしれないですね。今がちょうど、そういう転換期のひとつですけど。

でも、デジタルトランスフォーメーションというと、自分たちはＩＴ業界ではないので、ほとんど関係がない、と考える人もいるようです。

最初はコンピュータのダウンサイジングと水平分業みたいなところから始まって、次はインターネットと携帯電話ですよね。ここで、日本のＢtoＣの電機業界がやられてしまった。この20年間の背景は、この領域でデジタル化とグローバル化が相互補完的にかなり加速した結果として、相当に不連続なことが起きたことです。かなりの勢いで事業ポートフォリオの入れ替えを行わないと生きていけないという状況が、この産業領域で起きた。それが強烈に効いている。

でも、今はＡＩとかＩoＴとかビッグデータという話ですから、これはもう全産業です。今、考えないといけないのは、先に来た波が全産業に広がろうとしていることです。自動車業界だって関わってくる。

日立やパナソニックに過去10年起きたことは他人事ではない。でも、やはりまだ温度差があるということは否めないと思います。

中西　そうですね。

冨山　そうすると、ますますもって経営者が持たないといけないスコープやセンシティビティのハードルは上がっていきます。

中西　上がります。

日本には、まだポテンシャルはあるのか？

いろんな機会を与えるということが必要

冨山　そうすると、どうやってそういう人材を社内で鍛え上げていくのか、というのが当然、次の課題に挙がってくると思うんです。

中西　これは、ある意味でエリート教育をやるしかないんです。エリート教育といっても、これは別にその人が特別な人というよりも、やっぱり経営者というプロフェッションに向く人というのがいて、その人にいろんな機会を与えるということが必要だと思うんですよ。いろんな事業分野をやってもらう、というよりも、むしろミッションですよね。役割を変えていく。

冨山　知識の問題ではない、ということですね。

中西　そうです。

冨山　そこでひとつ、私も過去、コンサルティングの立場で経験したのは、エリート選抜的なことをやっていくと、伝統的なオペレーショナルな世界でコツコツ上がっていく人たちを、すごくディスカレッジする、意欲をくじいてしまったりするんじゃないか、というようなことを言われることが今でも結構あるんですが、そこはどうお考えですか。

中西　それは人によると思いますね。ただ、私どもの場合ですと、かつては工場に人を預けていたわけです。工場が自分の経営を守るということになりますと、できる人材は特にがっちりと、外に出さない、なんてことが起きていた。

冨山　逆に。

中西　そうです。だから、「私は20年間、コンプレッサー一筋でやってきました」という人が出てくる。ものすごく優秀で、その分野についていえば、何でも知っていますよ。工夫もしているし、特許もたくさん取っている。

でも、ではこの人に経営ができるかな、次の世代の経営を委ねられるかな、といえば、残念ながらできないでしょう。だから、これではダメなんですよ。

まず、お客さまとのコンタクトがほとんどないんです。工場の中にいると。お客さまが来るような工場ではないですから。そうすると、マスコミ情報や他の業界情報から「次のコンプレッサーはこうでなきゃいかん」というようなことを考えるしかないわけですね。

冨山　今の延長線上で。

中西　そうです。

冨山　となると、そもそもコンプレッサーというビジネスモデルがなくなっちゃうんじゃないか、みたいなことは考えない。それは、無理ですよね。

中西　ええ。だから、こうなる前に、ミッションを変えて、ちゃんとお客さまと接触できるようにしておかないといけない。

実際にはコンプレッサーやモーターというのは不思議なもので、ものすごくコンベンショナル、月並みなものでありながら、プロダクトライフは長くて、イノベーションがあるんです。

材料が変わる。用途が変わる。大きさが変わる。そういう道を選ばせることもあると思いますよ。ある意味で専門性を磨く。これはこれでいい。でも一方で、研究だけしているのではなくて、お客さまにも関わって幅を広げていく。

両方あるんです。そこを区別せずに「こうやっているからダメなんだ」とただやったとしたら、おそらくディスカレッジしてしまうでしょうね。

冨山　たしかにそうかもしれないですね。こういう破壊的なイノベーションモードで経営をやっていくというのは、入社してずっと野球をやっていたのに、経営者になったらメイン種目が急にサッカーになった、というようなものですものね。野球の達人として生きていく人もいる一方で、野球の達人だった人に急に「お前、サッカーやれ」と言っても、それはたしかに酷です。

デジタル領域は、カジュアルからシリアスへ

中西　はい。だから、そういう育て方は、最初からしないとできないと思うんです。まず、市場というのが、どういう構造をしているのか。工場にいただけでは見えていないことを学ぶだけでも価値がある。

一つ奥深く市場に入ってみると、「あ、市場っていうのは、こういうときはこうなんだな」と分かる。そうすると、他の類推もできるようになる。

だから、全部をカバーすることが大事なのではなくて、やっぱりあるキーになる、いくつ

かのミッションをやってみる必要があるんです。

冨山　あとは状況が大事、ということですね。平和じゃないとき。

中西　と思います。今はグローバルマーケットになっていますから、どこかは有事になっている。必ず起こっている。

冨山　逆にそれは、グローバル企業のアドバンテージですよね。どこかで、とんでもないことが起きていたりする。

中西　だから、逆に言えば、今、私どもの目で公平に見て内部から昇格させようとすると、海外でM&Aした会社の人材が多くなるんです。そこから引っ張ってきた人材は、実はけっこう使える。結果的に、日本人じゃなくなってしまうんですが。

冨山　なるほど。タフな状況で生き延びたような経験のある外国人ですね。

中西　そうです。話していると、その人が考えている幅の広さとか、どういうレンジで考えているのか、深く説明できるんです。残念ながら日本人とは、幅と深さの両方が違ってしまっているので、いやこれは敵わないよな、と。

冨山　逆に、海外の競争相手の例えば人づくりなど、けっこう研究されていると思うんですけど、やはり世界的には海外企業のほうが人づくりには強みはありますか。

中西　それはいろいろあるんじゃないでしょうか。例えば、経営者を育てるのに、GEは世界の模範的な会社でした。ところが、今は厳しい状況にある。GEがうまくいかなくなってしまうというのは、単に人の器だけの問題じゃないと思います。おそらくGEのあの経営モデルというのは、やはりシリコンバレーでは通じなかったということだと思います。

冨山　そうですね。私はスタンフォード大学で学びましたが、西海岸は相当違う論理で動いています。文化も違います。GEはやはり東海岸の企業です。内部では、かなり対立もあったようですね。

中西　GEデジタルから、日立にも人がやってきていますよ。

冨山　この文脈で、実は日本企業にとってはちょっといい面もあると思っていまして。「サイバーフィジカル」という言葉が使われることもありますが、私は同じ意味で「リアル」「シリアス」という言葉を使っています。

今までは、どちらかというと、サイバーでバーチャルな世界だけでデジタルトランスフォーメーションがリードされてきたと思うんです。こうした一連のデジタル革命は、明らかに割とカジュアルで、典型的にはサイバーの世界で進展しました。

しかし、これからはけっこうリアルに質量、熱量がある世界が出てきますよね。モノを運べば、誰かと事故を起こしてしまうかもしれない、とか、医療であれば人の命に関わるような問題がでてくる。言葉を変えれば、フィジカルで、割とシリアスな領域にグルッと回ってきた。

そうすると、どちらかというと先ほどの2つの軸、破壊的なイノベーションをする力と、改良的なイノベーションを継続する力があって、これまでは圧倒的に前者が有利なゲームだったんです。

かつバーチャルな世界は言葉の問題が明らかにあって、やはり英語圏と中国語圏という圧倒的に巨大な人口を持っているところからでないと、ああいうメガな発想、メガな人材は出てこないという傾向があったと思うんです。ただ、これからだいぶ、モードが変わるんじゃないかと。

実はもともと日本の社会や企業体が持っている、真面目でシリアスで、物事をきっちりやり遂げる力は、これから世界から再注目されていきます。だからこそ、アメリカの例えばロボティクスの至宝と言われているギル・プラット氏もグーグルじゃなくて、日本のトヨタに行く。それは、彼らのほうがわかっているんだと思います。

必ずしも日本は遅れているという前提に立つべきではない

中西　市場がいわゆるマスプロダクションというか、コモディティの世界と違う世界が出てくる、ということですよね。ここは面白い。日本発の新たな経営スタイルの、ある意味では絶好の機会だと私も思います。

冨山　ですよね。中途半端なIT評論家とか、デジタルトランスフォーメーションの評論家がよく言いがちなのは、「GAFA（Google／Apple／Facebook／Amazon）で勝負はついた」という話です。「このGAFAの帝国の優位は揺るがない」と。あるいはアリババも加えたり。要するに「歴史の終わりだ」みたいなことを言う人がけっこういるんです。なんですけど、私の世代だと、まだギリギリかつてのIBMのとんでもない強い時代を知っているんです。もう絶対永久帝国みたいな感じだったじゃないですか。日立も追いかけていましたけど。
ところが、その絶対優位がものの数年であれよあれよという間に消えてなくなっちゃった歴史から学ぶとすると、やっぱり「歴史の終わり」は来なくて、これからも新しい歴史がたぶん積まれていくような気がしているんです。その意味で、私も実はすごく、これまたフェーズが変わるということはチャンスだと思っているんです。

中西　私もそう思いますね。

冨山　やっぱりそうですよね。

中西　ええ。

冨山　そうなると、やはり日本企業は、むしろいい意味で自信を持って。

中西　と、思っています。実は最初、「Society 5.0」の議論をする最初の入り口から、私はずっとそれを言っていたんです。必ずしも日本は遅れているという前提に立つべきではない、と。事実、遅れていないところはいっぱいある。だから、もう一度コモディティの世界を作り直すようなところを持ってくるんじゃなくて、自分たちで市場セグメントを切り出してきて、そこで新しい小さな池の鯉になればいいんですよ。それでいいのであって、そこで鯉が本当に育ってくれれば、鯉じゃなくて鯨になるかもしれない。

冨山　おそらく3、4年前のメディアの記事など、いろんな発言を調べたら面白いと思うんです。

私が鮮明に覚えているのは、本当は今頃はカリフォルニア中を完全自動運転の車が走っていなきゃいけなかったんです（笑）。みんなそう言っていたんですから。でも、起きないんですよ。そう簡単に。

中西　それはそうでしょうね。

冨山　でも、みんなそう言っていたんです。一方で、中西さんがおっしゃったように、ある種ぐるっと回って、またちょっと風向きがこっちに向いたからといって、日本企業が従来のままで何とかなるのか、というと、やっぱり何ともならない。

中西　ダメですね。だから、これぞというマーケットセグメントを切り出して、さらにこれを育てていくという意識がないといけない。マーケットが存在しているところに入っていく。そういうことなんじゃないでしょうか。これがまた大きく価値が変わっていて、マーケットクリエーションって、ものすごい挑戦なんです。でも、そのゴールがもう一度、ウォークマンかｉＰｈｏｎｅか、といえば、それも違う。

問われているのは、コモディティがターゲットにならないマーケットセグメントの創り方のような話なんですよ。だから、昔には戻れないんです。

冨山　今すでに、マーケットがそうなっていますものね。

中西　新しいマーケットセグメントの創り方を、これからの経営者は考えていかないといけないんです。

第2章

コーポレートガバナンス改革と理想のサクセッションプラン

なぜコーポレートガバナンス改革が必要なのか？

村落共同体的な運用から、機能体的な運用へ

冨山　いわゆる「失われた20年」の間、日本企業は世界における存在感を失ってきました。その原因は五重苦、六重苦といったマクロ経済的な要因だけではなく、ミクロレベルで各企業が「稼ぐ力」を喪失してきたことにも起因していると私は考えています。

そして、ミクロレベルの一番の問題は、ガバナンス不在の日本的経営、すなわち企業の上層構造にあります。日本経済が再び活力を取り戻すため、コーポレートガバナンス経営を実践することが求められています。ガバナンスが変われば、日本経済全体も変わる。

政府の日本再興戦略でも、一丁目一番地の重要施策になっています。

中西　2008年度に日立は製造業始まって以来の大きな損失を出したわけですが、当時はそれ

こそ立て直すことに精一杯で、2、3年間はとにかく会社の立て直しだけをやっていました。ですから、取締役会制度や執行役と取締役会の役割などの改訂まではできず、いちおう、形だけは整っていた、委員会設置会社制度の継続をやっていました。

ただ、考えてみると、2003年に委員会設置会社制度を採用しておきながら、2003年度から2008年度まで、業績は悪くなり続けたという事実があるんです。

これが何を意味しているのかというと、やはり経営の舵取りの基本はCEOであって、取締役会ではないんですね。経営を基本的に動かしているのはCEOであり、CEOの実力あるいは人選が極めて大事である、ということだと思うんです。

しかし、まだすぐには取り組みは進められなくて、業績がある程度、回復をしてから、取締役会の修正に取りかかれたんです。中期経営計画も立てられないくらいの、大慌ての改革でした。

冨山　どんなものだったんでしょうか。

中西　最初の改革で行ったことは、日本的な経営による収益の低位安定化を打破しよう、という取り組みでした。日本の経営は村落共同体的なところがとても多いんです。常務会などでも、いろんな意見が出てくるわけですが、その意見の総平均値的な結論で運用しているようなところがあった。

冨山　私がずっと指摘してきた、「終身年功制の正社員サラリーマンの、サラリーマンによる、サラリーマンのためのニッポンのカイシャ」という経営モデル、会社のかたち、閉じたガバナンスモデルですね。村落共同体的な「ムラの空気のガバナンス」と言い換えてもいい。会社という単位を永遠不変の存在として位置づけて、同質的、連続的な家族共同体のように擬人化することが、そこに関わる人々を幸福にするのだと考えていた。でも、それでうまくいく時代はもう終わったんです。

グローバル競争とデジタル革命の嵐の中、会社は否応なしに潰れるし、事業単位でのM&Aは日常的に起きる。新しいベンチャー企業があっという間にグローバル巨大企業に成長して既存プレーヤーの大脅威となる。むしろ、そういう新陳代謝を促すことが、社会全体としては長期的に生産性を高め、良質で安定した雇用を可能にするんだと私はずっと言ってきたんです。

中西　そうなんです。どの人からもあまり大きなクレームにならない程度のところに、村長が落としどころを決めていくようなやり方でした。その結果が、日立の2008年度の結果であり、大きな赤字を出してしまったんだと思ったんです。

この方式ではいけないと川村さんたちと気づき、CEOが中心になって会社全体を機能体的に動けるようにした。村落共同体ではなく、機能体としての運営がちゃんとできるよう、まずは改革を行ったんです。

機能体的運営をした結果、会社は良くなりました。したがって、これを継続させなければならないということになって、2012年にその継続方法をどうやるかということで、取締役会に働いてもらおうということに決めた。コーポレートガバナンス改革を進めたわけです。

冨山　賢明な判断だと思います。

海外の標準記録に届くためのガバナンス改革

中西　当時、日立はすでに50%以上が海外の売り上げでした。株主も40%程度が海外でした。ですから、海外の標準の会社にならないといけなかったんです。

日本の今の売上高営業利益率は、大手電機メーカーでは一ケタ程度になります。しかし、これでは世界体育大会でいうところの海外の標準記録に届いていません。どうしてこんなことになってしまったのかというと、日本が20年間さぼってきたからです。

では、海外の標準に届くにはどうするか。これが私どもの課題であり、その解決策の中の一つが取締役会でした。国内体育大会記録をやっと破るような格好で満足している今の状況を、なんとか脱皮しよう、と。

それを何年もかかって変え、今の制度を決めました。なかなかに悪戦苦闘しましたが。

冨山　以前から、コーポレートガバナンス改革の重要性を訴えてきた人は少なからずいましたし、私もその一人でしたが、かつての産業界からの反対・抵抗は大きかった。

中西　業績が厳しくなり、大きな問題点が出てきたからガバナンス改革をする、ということになったわけですが、本来であれば、平時からこういう改革ができるかどうかが問われていた。

この点は、日本の問題ですよね。

私どもの経験からすると、やはり100年も会社をやっていると、社内にゾンビ事業が数多く生まれていくんです。この社内のゾンビ事業を、どういう形で潰していくのが、一番いいのか。そして、その資金や人的資本を、いかに新しい事業に回していけるか。それを考えてやっていったわけですが、成長事業を伸ばすのと、ゾンビ事業を潰すのと天秤でバランスを取りながら行わないといけなかった。

ただ、これからはこれを日本全体でやらないといけなくなる。一つの会社の中であれば、何かのきっかけがあればできますが、日本全体でやるには本当にどうしたらいいのか、というのは大きな課題になるでしょうね。

少し乱暴な言い方になりますが、グローバリゼーション、デジタライゼーション、少子高齢化など企業を取り巻く事業環境が激変する中で、潰れるべきところはちゃんと潰れることになるでしょう。一時的にはショックはありますが、結果的には日本全体が良くなっていくと思います。ただ、こういうことを日本全体で今すぐはできません。

一方で会社なら、ＣＥＯが舵取りができるわけです。人事権から何から持っているわけですから、やろうと思えばできる。だから、ＣＥＯの力量と意思によるんだと思うんです。コーポレートガバナンス改革は、その一つですよね。

冨山　だから、アベノミクスに組み入れられ、改革が大幅に進展していったわけですね。

第二次安倍政権が成立して日本再興戦略２０１４年版のトップにコーポレートガバナンス改革が位置づけられる過程、それと前後した会社法改正における社外独立取締役の位置づけの法定化、さらにはその後のコーポレートガバナンス・コードの策定については、経済同友会の副代表幹事、日本取締役協会副会長という立場で私自身もかなり深く関わっていたのですが、当時、まるでシーソーが反対側に倒れるように劇的に世の中の空気が変わっていくのを鮮明に感じました。

中西　ただ、私からすると、コーポレートガバナンス改革についての本格的な議論が政府主導で始まったというところに、実は抵抗感があるんです。

本来は企業の経営の根幹に関わることですから、企業経営の将来を考えたら当然、自分たちで上がってこなければいけなかった。

ポジションが上がってきて、キョロキョロ見回してみたら、日本のガバナンスはやっぱりちょっと古いよね、というふうに思うのが、ごく自然だと思うんですが、それができなかった。

ただ、経団連の中でも議論していますが、今や一気にコーポレートガバナンス改革が進んでいます。この数年、ものすごく進展しました。これはやっぱり、政府の働きかけも有効だったんだろうな、と正直に言って、認めざるを得ません。

だから、この改革を通じて、何をしていくか、ということが、これから問われて来るということですよね。企業成長であり、リーダーを変えていくことです。

ガバナンス上、どういう格好でビジネスのあり方を考えるのか。特にデジタルトランスフォーメーションみたいなときには、ビジネスモデルをクリエイトしていくという活動が欠かせないと思うので、それを取締役会で議論できるようにならないと、本当の意味でガバナンスにならないのではないか、と思います。

だからまだ日本では、議論が始まったばかりでもある、といえますね。そうなってきたら、おそらくアメリカ流でも、ヨーロッパ流でもない、日本流のコーポレートガバナンスを我々が作っていく、というところに持っていくべきであろうと思っています。

戦略を取締役会がディスカッションできないと

冨山　「Society 5.0」時代の経営という脈絡で、ガバナンスを捉えなければいけないですよね。

中西　戦略性ということが従来に増して、ちょっと違った次元で展開できていないとガバナンスにならない、ということを取締役会がディスカッションできないと、ですね。

それが一番大事なことだと思います。下から上がってきたエグゼキューション、実行してきたことの結果としてのレポーティングを審査するのがガバナンスではなくて、これからこの企業力をどっちに向けていくのか、どこを本当にマーケットセグメントとして切り出していくのか。そうした戦略性が議論できるような仕組みを作っていくということが、これからのガバナンスだと思います。

冨山　大きな舵をどっちに切るか、という話ですね。そういう議論ができるボードでなければ、意味がない、と。

中西　ええ。だから、ガバナンスでよく議論になるのは、会社の不正をただすことをガバナンスだと言う人がいるんですが、それは違う。悪いことをやろうと思った人を暴く検事を雇うわけではないんです。まったく違います。

冨山　守りのガバナンス、すなわちコンプライアンスだけではなく、企業の持続的かつ長期的な成長を実現する攻めのガバナンスこそ、コーポレートガバナンスの中心的な課題である、と。

中西　だから、説明されたことを自分の経営センスに従って理解できるかどうか、ということが一番大きな問題なので、言ってみれば、インディペンデントのボードディレクターからすると、そういう議論ができるボードであるようなところでガバナンスをしていくという意味だと私は思っていますから。

冨山　だから、責任重大です。

中西　そうです。また、ボードはそういうセンスで、少なくとも外国人でＣＥＯ経験者の人は、ボードがそういうことをするミッションというか、責任があるんだという自覚を持っています。

冨山　海外では、ボードの役割はそうなっていますので。

中西　だから、そういうことができるような情報というか、議論する相手をすごく強く求めます。

冨山　なるほど、経営者のヒッティングパートナー的には、そういう人じゃないと、ですね。もっというと、ボード自体がそうじゃなきゃいけないし、今度は経営トップ自身もそういう姿勢でボードに臨まなくてはいけない、ということもありますね。

CEOを選ぶのは、ボードの一番のミッション

中西　ただ、過去のいろんな歴史を紐解《ひもと》いてみてもそうですが、いくら良いCEOを選んでも、人間は腐敗あるいは堕落する可能性を持っているんです。もしくは、その成長を止めてしまうことが起こり得る。
だから選任・解任という役割を取締役会が主導しないといけない。これは、日立のコーポレートガバナンス改革でも、強く意識されたところです。

冨山　おっしゃる通りです。だからコーポレートガバナンス改革の本丸は、最高経営責任者であるCEOの選解任の仕組みの問題にならざるを得ない。最適任なCEOをどう選び、激しく厳しい経営環境のなかでの舵取りを応援するか。逆にパフォーマンスをモニタリングしてダメだったらどう軌道修正し、場合によってはクビにするか。強くて有能なCEOを作りだす一方で、暴走したらすぱっと辞めさせる。これこそがボードの最重要な機能だと思います。

日本国憲法だって、ガバナンスに関する条文、すなわち統治機構のところに書いてあることは、つまるところ国の最高経営責任者である総理大臣の選任方法、国会や裁判所による監督・牽制の方法、そして解任方法の話です。

中西　そして、経営トップを選ぶというのは、やはりボードの責任になる。これは、ボードが全候補者から選んでいくということではなくて、会社側から提案を出し、それから自分たちのいろいろな議論を経た中で、最終的なディシジョンをボードで行っていく。これは、ボードの一番大きなミッションだと思います。

冨山　ありがちな議論として、「社内の人間を選ぶんだから、執行部の人間のほうが詳しい。何十年も知ってるんだ。社外の素人に何がわかる」というものがあります。

中西　それは次元が違う話なんですよね。経団連でもいろんな議論があって、社長になったら次の社長を選ぶのは、仕事の一番重要事なんじゃないか、取締役会なんかに任せられるはずがないじゃないか、という意見もある。

それは一面はそうかもしれませんけど、社長が「自分の後継者はこの人」と思ったのを、第三者的な評価をきっちりやる仕組みを作らないと、大きく間違えかねないわけです。

冨山　そういう次元の議論をしているんじゃないんだ、と。

私は産業再生機構の時代から今日まで、カネボウやＪＡＬなど50社ほどのトップ人事に深く関わってきましたが、ダメな会社ほど前任者が推薦する後継者が不適格な場合が多い。

自分で何度も関わってみて分かるのは、トップ人事ほど難しくかつ重要なものはない。それを「オレが一番分かってるんだからオレの判断が正しい」と片づけられる人たちの気が知れません。本当にそんな次元の話ではないんです。

中西　違いますよね。

冨山　だから、オペレーショナルな業務の延長線上で、わが社はずっと野球をやっていくんだから偉くなった人も野球がうまくないと社長はつとまらない、というモデルであれば、おそらく前任社長は後輩たちの野球のうまい下手を何十年と見ているんだからそれでいいんでしょうけど、もはやそういう話じゃない、ということですよね。

中西　そうです。そういうところから、CEOを選ぶのは、ボードの一番のミッションであって、最終的な決断はそういうことでオーソライズしないといけない。これをやったからといって、絶対にうまくいくとは思いません。

ただ、少なくとも、一人が自分の好き嫌いで判断するような類のものではなくなる。そう深く信じていますので、そういう仕組みを一所懸命、作り込もうとしています。これは、CEOに限らず、COO、CFOくらいまでは、確実にそういう審査の対象です。

冨山　いわゆるCXOですね。

中西　取締役会で、CEOはじめCXOが選ばれていくというのは、私どもの会社の中で、もしかすると一番ダイナミックなプロセスの変化だったかもしれないですね。この10年ほどの間で。

冨山　それまではやはり、トップ人事は社長、会長の専権事項だったんですから。

日本の会社は普通、だいたいそうです。でも、よくこの大胆なコーポレートガバナンス改革が日立はできましたね。

中西　社外取締役をマジョリティにしたときから、ボードの最大のミッションは次のCEOを選ぶことだ、と言い出したんですよ、私が。

冨山　自然にそういう話になったんですね。「その意味はよくわかる」「そういうふうにみんな言っている」「だけどそう簡単じゃないですよね」というところから議論が始まって、「じゃあ、候補を選んで意見を聞いてみましょうか」ということになっていったんです。

中西　特に外国の社外取締役から強く、ですね。このとき議論になったんです。今の人材が悪いわけじゃないけど、このままのプロセスではけしからん、と。

冨山　なるほど、次はダメよ、と。

トップ人事は社長、会長専権事項、は通用しない

冨山　私自身、いろんな会社の社外取締役を務めてきましたが、CEOの実質的な選解任権が取締役会にない場合は、受けないですね。

社外取締役中心の社長指名委員会が真剣勝負で後継者選びを行い、CEO選任に関するコーポレートガバナンスのモデルケースとなっているオムロンの場合も、就任段階で当時の

立石義雄会長と作田久男社長から、次期社長選びに本気で取り組むことを頼まれていました。だから、むしろ今の中西さんの話はすんなり受け止められます。

ただ、従来のパターンは、社長、会長の専権事項でふにゃふにゃ、ということが多いんじゃないでしょうか。彼らなりに熟慮して考えて、後継者というのが形だけ指名報酬委員会に流されて、「次は誰々さんですよ」というので「よろしいですね」「はい、わかりました」と、それを追認していくというパターン。

あるいは、そういうのさえなくて、いきなり社長、会長の一声、という感じでしょうか。

中西　ただ、日立のケースもそうだったと思うんですが、社外取締役にとっても時間が必要なんですよ。だって、社外の人が選ばれて、それから候補の人たちとコミュニケーションを取っていくわけですから。そして次期トップの選任を巡って現経営陣と対等の議論ができるところまで自分たちのレベルを上げなくてはならない。

いきなりは無理ですよね。でも、上場企業あるいは経団連企業の中でも、社長はボードが決める、とここまで大胆にモード転換できている会社は、まだ圧倒的に少数派だと思います。だけど、みなさん危機感はありますよ。

冨山　転換しないといけないとは思っているんだけど、今度はできるかどうか、ですよね。それに値するボードメンバーがいないと、本音ベースでは「どうしてこの人たちに、会社の一番重要で、命運を握るような意思決定を半分くらい委ねないといけないのか」という抵抗感が出てくるのも、わかります。

中西　だから、社長、会長専権事項みたいなことがワークできた世の中ではなくなった、という認識を持つかどうか、でしょう。それはとても大きな意識の転換点だと思います。

冨山　仮に意識を転換できたとしても、すぐには解決できませんから、そこから本当に真摯な努力をして、例えば5年後、それまでにどうそこに転換できるか、ということが今、問われているのではないでしょうか。

いずれにせよこれは現経営陣と取締役会の共働作業ですから、どちらも大きな意識転換と真剣な努力を続けなくてはならない。

中西　さらにもっといえば、ボードはインディペンデントボードディレクターが新陳代謝していかないといけないので、このエコシステムを維持するのに、ものすごくエネルギーがいるんです。私は、けっこうここには時間を使っています。

冨山　それはあるでしょうね。体調を崩す人もいるし、参加してもらったけどちょっと議論は低調だな、という人もいるし。

中西　本音では、ですよ。本人は相当、貢献しているつもりだと思われているかもしれませんが、そうでもない、ということもある。やはり、その人が置かれている状況が変わってしまって、日立に対してそんなに時間を使えなくなった、というケースもあります。だから常に考えていないと、すぐに必要だから、といってパッと見つかるわけではないんです。

社外取締役がどれだけ真剣にやるか

冨山　私の経験では、指名委員会や報酬委員会が強いか弱いかは、形式ではなく、その委員をやっている社外取締役がどれだけ働いているかで決まると考えています。どれだけ時間を使って、どれだけ気合いを入れて仕事をしているか。

かつてある上場会社の社外取締役だったときも、先ほど名前を挙げた会社ですが、私は社長指名委員長としてものすごく働かされていました（笑）。次の社長の人事で、一番真剣に考えていたのは、私と社長の2人だったかもしれないくらい。やはり、それだけの時間を使って、それだけのエネルギーを使って気合いを入れてやっていたので、取締役会に説明しに来る人の評価も真剣になるわけです。候補リストの人物については宴会での発言や立ち振る舞いまでついついチェックしてしまう（笑）。

そしてこちらの気合いが違うと社内の見方も変わってくる。それだけの真剣度で4、5年見ていれば、かなりのことがわかります。社外の人にはわからないと言われますが、入ってすぐにはもちろん無理です。

ただ、真剣に3、4年過ごしたときに、どれだけのものになっているか、ということだと思います。こうやって強い指名委員会や報酬委員会を作ることができたら違います。オムロンのケースが示すように、まずは会社の側、経営者の側がそうやって本気で社外取締役を使い倒す強く持続的な意志を持つことですが、これをコーポレートガバナンス・コードにも盛り込んでいったら、けっこう力を持つのでは、と思っています。

中西　日立でも、社外取締役だけで意思決定がやりやすいように、いろいろなお手伝いをするようにしています。例えば社外の人材提供会社などを使って候補者などをしっかり査定してもらい、面談もしてもらって、その結果が指名委員会の委員にも入っていくようにしています。

また、社外の人間が候補者を評価する機会もいろいろあります。そのデータも指名委員会の委員に入るようにしています。ですから、おっしゃる通り3、4年の年月をかければ、社外取締役でもかなりできるのではなかろうかと思います。

実は私どもが前回、社長を選んだときには、1年間しか時間がなかったんです。ですから、完全なものができたとは正直言えず、反省も残りました。このときには、まず3人の候補者に、自身が3人いる社長候補者のうちの1人だと告げました。この1年間はそれを考えて行動するように、と言ったわけです。

一方で、社外取締役と社内取締役にも、この3人が候補だと伝えていました。ですから3人の誰かが取締役会に出たときには、質問攻めになりましたね。案件の説明はもちろんですが、人間性その他をしっかりチェックしていったんです。

選解任の前段階として、報酬委員会を使うというのも、効果があるかもしれないですね。例えば、1年で業績が下がった。とはいえ、まだ辞めさせるか、というところまではいえない。もう少し頑張ってもらいたい、というときには、報酬委員会を使って、報酬で査定していく。

固定報酬4割、変動報酬6割とか、3割・7割となったりしますが、例えば7割の変動報酬で取締役会の意思を提示することができます。これは、ある種の予備的な判定にもなるし、もう少し頑張れというメッセージにもなります。

いずれにしても、指名委員会の1人の個人の、そのときの考えだけでさっと決まるというものではまったくないですね。

これから「社長の候補者」に求められるものは何か？

経営視点でものを考えている期間が必要

冨山　となると、どうやって候補者を作っていくか、ということが重要になります。日立の場合は、タフ・アサインメントといいますが、そういうものでテストしていくような仕組みを作っているんでしょうか。

中西　経営者というのは一つのプロフェッションという考え方のもとに、まずかなり若い時期から、できるだけ早い時期に候補を作っていくべきですよね。50人なり、100人なり。そして、その中から徐々にいろんなジョブにアサインしていって、それをクリアしていった人を残していく。できなかった人は候補から外れていく。そういうプロセスまで、ちょっと作り替えないとダメだというので、始めたばかりなんです。

まだ道は遠いですが、そういうプロセスを経て候補者選定を進めていきたい。よくトレーニングされた経営者が会社をリードしないと、大変なことになるという実感は切実に持っていますので。

冨山　そうすると、候補の中には日本人もいれば、日本人以外の人も入ってくるということですね。

中西　もちろんそうです。ただ、日本人の人材は、早めに選ばれることに対して慣れていない、という印象がありますね。そういう問題にも今、突き当たっています。

冨山　でも、それではダメだと。

中西　はい、もうおっしゃる通りですね。だから、必死でやっているんです、こちらが（笑）。

冨山　将来の経営者候補について、類型化とか、要件化のような定義は難しいとは思うんですが、あえて今、中西さんの頭の中にある、「このいくつかの条件をクリアしてもらわないとちょっと厳しいな」というのは、どんなものですか。

中西　やっぱり経営視点でものを考えている期間が必要だと思います。オペレーション視点だけでは足りない。経営って何かと議論し始めると、結局ビジネスモデルをうまく発展させていけることだと思うんですよ。

冨山　ある意味、現状のオペレーションを変えないといけないこともあるということですね。

中西　もちろんそうですし、ファイナンスデータだけではなくて、マーケットを常にバランスを取って見られるか、という経験は、やっぱり経営視点でものを見ないと出てこないですよね。

冨山　そうですね。どちらかだけになりがちですから。

中西　そうなんです。だから、やっぱり経験だと思います。経営視点でものを見た経験がまったくない人は難しいですよね。

金融サイドと事業サイドの両方を学ぶ

冨山　金融的な言語と、事業的な言語というのは、ある種、バイリンガルでなければいけないはずなんですけど、日本では従来、これをわりに違う人がやっていました。それは極めて危険です。

中西　ですから、そういう意味で「こいつはできるかもしれない」と思う人材を引っこ抜いてきて、両方を経験させるということを早い段階でやらせないといけないんです。先ほども言いましたけど、「20年ずっと設計してきました」「エンジニアリングしてきました」という人に、じゃあ経営ができるのかといえば、それは正直、難しい。

そこは、これまでの人材育成という観点では、申し訳なかったということになってしまいますけど。

冨山　それはそれで、ちゃんと道を用意してあげて。

中西　もちろん、そうです。そういう人材には、そういう人材としてきちんと活躍の道がある。ただ、経営をいきなり任せるのは難しいでしょう、という話です。

冨山　私はたくさんの経営者と接していますが、とりわけ資本コストという概念を、意外と理解している経営者が多くなかったりするんです。

中西　まったくそうですね。

冨山　上場企業なのに、そうなんです。それこそ川村さんと日立のリーマンショック後の増資について話をしたときのことを覚えているんですが、「資本コストというものについて、初めてよくわかった」とおっしゃっていました。そういう意味では、過去に資本コストというものと対峙しなくて済んだということでしょうか。

中西　だって、そうでしょう。銀行はだいたいエンドースしていますから。

冨山　まぁ、金利が資本コスト、みたいな。

中西　そう。それしか頭に思い浮かばない。配当から何から、自分がどういう責任を株主に対して持っているか、マーケットに対して持っているか。これ、全部コストですよね。

冨山　お金はタダではないですから。なるほど、金融サイドと事業サイドの両方のバランスをちゃんとマネージすること。これがひとつですね。他に何かありますか。

中西　ネットワークの作り方、ですね。いろんな人とコミュニケーションする力は、とても重要です。それは、放っておいても育つものなのか、といえば必ずしもそうではない。やっぱり場を用意してあげないといけないと思うんです。社内、社外、それから業界外を含めて、それを動機づけてトレーニングしていくことが必須だと思います。トップになるには、重要な要素だと思いますよ。

世界に出れば、違うものごとが見えてくる

冨山　なるほど、ネットワークですか。

中西　日立の場合は、事業範囲が広いので、同じ日立の中だけでもけっこうネットワークを広げようと思うとできるんです。ところが、これが危険なんです。ネットワークはあると、自分で勘違いしてしまう。

ネットワークを広げないといけないという認識は持っているのに、「これだけあるんだから、自分は大丈夫」と思っているんです。

冨山　世の中をわかっていると思ってしまう。

中西　そうなんです。でも、それは日立の中でのネットワークなんです。日立の常識、世間の非常識、ということもあるわけです（笑）。

冨山　よくありますね。いろんな会社で、そういう例はあります。

中西　こういう大組織というのは、放っておいたら、そんなふうにして外側へのコミュニケーションがどんどん縮んでいくものだと思ったほうがいいんです。そんな中で、どんなふうに外へ放り出すようなことができるか。これを意識しないといけないんです。

冨山　ローテーションやキャリアパスで、ということですね。

中西　一番の典型だと、特に日本の中だけに置いておくと、日立独自の世界観を作ってしまいますよね。だから、外に放り出す。世界に出れば、日立はそんなにプレゼンスがあるわけではないですからね。

まずは海外勤務でしょう。それも2回やる。1回目は、その国のボスの下で働く。それから2回目は向こうへ行ってトップをやる。この2つが経験できるような仕組みを作っていかないとダメですね。

冨山　それは、経営者になっていくには必須という感じですか。

中西　ええ。「そうするぞ」というと、みんなギャーギャー言ってますけどね（笑）。

冨山　でも、実際にそういうローテーションを回していくと、当然そこをサバイブできる人もいれば、ちょっとブレイクしちゃうというか、サバイブできない人も出てきますね。

中西　それは、そういうものでしょう。ただ、できないからダメだというわけではないですよね。日立は、活躍のフィールドは広いし、職種も広いですから。

冨山　昔は、例えば自動車会社だと、北米のトップを任せられるのが典型的なエリートコースだったりしたんですよね。日本の自動車メーカーがとても強い時代です。そこでエースを傷つけないように結果を出させて、組織内で納得感を持たせてトップにする。こんなことをやってた時代があったんですが、今は違うということですね。

中西　もう、そういう平和な時代じゃないですよね（笑）。

冨山　今はむしろ真逆である、ということですね。ちょっと思うんですが、さきほどのタフ・アサインメントといいますが、外国人のボスの下であれ、外国人を部下に持つのであれ、言ってみれば有事のところで仕事をさせると当然、鮮やかに結果が出る場合もあれば、あまりにも条件が悪いので結果が出ない場合もあります。

中西　その上でトップに持っていくということは、むしろ能力要件を見ているわけで、「彼がいたからこの程度の負け戦《いくさ》で済んだんだ」という評価もあるということでしょうか。こういうところも、かなりちゃんと見ていく、と。

冨山　と思いますね。ただ、あえて言えば、ですけど、運も重要な要件になりますね、経営者の選定では。

中西　勝負は時の運、というやつですね。

冨山　運というものを否定しませんよ、私は。

トップという観点では、年齢にはこだわらない

中西　トップの選定に関して、私がひとつ加えるとすれば、トップはトップだ、ということです。やっぱりナンバー2はナンバー2。どこまで行ってもナンバー2なんです。ナンバー3も、どこまで行ってもナンバー3です。

トップを張って、振り返っても誰もいないという状況で、どれだけタフにやれるか。それが問われる。だから、厳しい状態を経験して、どれだけ耐えてきて、どれだけ結果を出してきたか、というのはとても大事なテストだと思います。
これはたしか松下幸之助さんが、義理の弟だった井植歳男《いうえとしお》さんに言った話だと伝え聞いているんですが、井植さんが独立して三洋電機を作る時の話です。井植さんは松下電器では、ナンバー2だった。だから、松下さんはこう言うわけです。「ナンバー1とナンバー2の距離は、ナンバー2と平社員より遠いんやで。それを覚悟してやりなさい」。川村さんがよく言われる「ザ・ラストマン」の話と相通ずる話です。小なりといえども、一つの会社の社長をやるというのは、やはり大変なことだということです。

中西　そう思います。だから、さっき言ったバランス感覚というのは、口で言ってわかるものではないんですよね。実際に経験して、マネージしてみないとわからない。
冨山　ふと振り返って誰かにお伺いを立てるという状況だと、しょせんその人が本当に決めているわけではないですから。
中西　そうですね。

冨山　あともうひとつ、先ほどのオムロンのケースでは私も社外取締役として社長指名委員会に加わり、これを推し進めたんですが、40代の社長を抜擢することになったんです。当時の社長から10歳以上若返った。これは結果的に、ということだったんですが。

そのときに、一部にあった懸念で、私もちょっと懸念を持っていたんですが、そうやってポーンと40代を社長にしてしまうと、一番脂《あぶら》の乗っている50代の経営幹部にとってはどうなのか、ということでした。

みんな、部下になるわけですね。それまで呼び捨てにしていたのが、急に「社長」と呼ばなければいけなくなる。急にそういうことになってしまったわけです。

こういうことが起きると、年上の50代の幹部たちをディスカレッジしてしまうのではないか。いわゆる従来の価値観を壊すことになるので、それによってむしろ組織能力が低下してしまうのではないか、という懸念でした。

実際、同じような若手抜擢を行ったカネボウ化粧品の再建のときもそうだったのですが、まわりの人からは、「日本のサラリーマンは、冨山さんが考えているのと、違うモチベーションで働いているので、そういうことをされちゃうと、ディモチベーションされてしまって、組織が動かなくなっちゃいますよ」とかなり言われました。

結果的に、カネボウ化粧品でもオムロンでもそういう問題はなく、新社長への求心力のシフトはスムーズに進み、年上部下になった幹部たちとのチームワークもうまく行きました。むしろ企業価値はその後、高まることになりました。

中西　年代の幅、ということについては、どうお考えですか。

トップという観点では、年齢にはこだわりませんね。だから、年を取ってちゃダメだというわけでもないと思います。

ただ、現場はなかなかそうなっていない、というのは、これまた正直なところです。製造業というのは、やっぱり知らないといけないことがたくさんあるんです。徒弟制度的なところがある。

だから、経営者を育成するプログラムというのは、それとは違うものなんです。

冨山　なるほど。

顔つきや言うことが大きく変わっていく

中西　だけど最低限、製造業のベースとなるようなところをちゃんと持っていない経営者でも困るんです。これは自己矛盾なんですけどね。でも、やっぱりそれはもう割り切らざるを得ない。だから、その両方がうまくパッと早くできる人材が、どのくらいスムーズに選ばれていくか、ということが重要になるんです。それだけに、冨山さんがおっしゃるように、若い頃から重い負荷を与えるということがとても重要になるんです。

冨山　現にそういうふうにしようとしているわけですが、現場の抵抗感はけっこうありますね。先にも言いましたが、引き抜こうとすると、「こいつを持っていかれちゃ困る」と上司が言う。これは年中、起こります。

中西　それはそうでしょうね。

冨山　だから、社長の権限でやるんですよ。

中西　そうすると、かなり社長直轄的に候補者を見ているんですね。

冨山　そうです。現場で指示を与えるわけではありませんが、どういう候補者にすべきかの選定や、プログラムのアサインというのは、社長マターなんです。当然、私も関与します。そして、こうやって社長が選んだ50人に関しては、もう秘密にしません。

冨山　なるほど。オープンにしちゃうんですね。

私の同世代も、ようやく経団連企業のようなところの社長になるケースが出て来たんですが、親しい友人ほどあまりお気楽におめでとうが言えない空気がある気がします。酒を飲んだりすると、「大変だなぁ。よく引き受けたな」なんて話も出てくる時代になってしまっているんです。昔でいえば、サラリーマンの何十年のおめでたいゴールという感じだったものが、今やCEOといえば、とにかく大変な仕事だと認識されている。裏返しでいうと、50人選抜しても、それは単に羨ましいというよりは、ものすごいタフ・アサインメントを宿命づけられるということなので、そのあたりの感覚は昔とはずいぶん違うということです。経営トップについても透明な手順で時間をかけて適性を厳格に審査してやった人事である限り、若手をトップに抜擢しても周りがそれに嫉妬するとか、年上の幹部のモチベーションが下がるという懸念はあまりなくなっている。

私の知る限り、若い世代ほどお気楽におめでたい感覚はなくなってきていて、必ずしも羨ましいとは思っていない。そんな印象があるんですが、中西さん、これはちょっと言い過ぎでしょうか。

中西　私はやっぱり、やる気のある人はいると思います。それは全員じゃなくても、そういうことに挑戦してみたいと思っている人材というのは、案外いるものだと。そこはわりあい、楽観的に考えています。

冨山　だから、やる気のある若い人材をガーンと引き上げても、そんなに心配はいらない、と。

中西　というか、現実に実感しているんです。最初は10人くらいから始まって、次は50人くらいの候補を選んでいったわけですが、選ばれた社員の顔つきや発言などを聞いていると、どんどん変わっていくんです。

課題を出したり、人事異動もしたりするわけですが、顔つきや言うことも大きく変わる。だから、自分がスキルアップしたことが喜びになっているんだろうなと、とても楽観的に考えているんです。

冨山　ちゃんと、素材はいるんだと。

中西　ええ。そう思います。ただ、場がなかっただけだったんじゃないか、と。今までそういう意識でリーダーを育ててこなかったからです。

やっぱりこれ、いきなりできませんからね。時間がかかりますから。でも、この極めて緊急を要する、世界の変化が激しいときに、この時間をどうやって縮められるのか、ということが別の課題だとさえ思っています。

冨山　やはり「鉄は熱いうちに打て」ですね。

社内では得られない知見がある取締役を選ぶ

冨山　次世代の経営者、経営陣、その候補を、相当なエネルギーを使って選んでいきましょう、育てていきましょう、ということの大事さを語ってくることができたと思うんですが、最後の責任を持つのは、取締役会のボードメンバーと現ＣＥＯということになりますよね。現ＣＥＯをやっている人は、きちんと業績を上げて、社内のことにも精通しているという前提になりますと、何が大事かというと、今度は社外取締役の人たちをどう選ぶか、ということになります。

社外取締役がしっかりしていないと、うまくＣＥＯも選べないし、候補からのチョイスもできない。なんとなく「そんなことが社外取締役にはわかるかよ」といった空気が会社にあったりすると、まずうまくいかない。

ちょっと過激なことを申し上げると、なんとなく従来の延長線上で、いわゆる士業系、弁護士さんとか会計士さんとかに、とりあえず社外取締役をやってもらっています、という会社がありますが、これはいけないですよね。

また、大学の先生を「経営の素人じゃないか」と思いながらも、社外取締役にしている会社もある。でも今や社外取締役に委ねられているのは、ものすごく難しい判断です。ものすごくレベルの高いものが求められている。

もちろん弁護士さんや会計士さん、大学の先生にも経営的な知見、経験をお持ちの方はいらっしゃいますが、単に肩書だけでアドバイザーとして大所高所からご意見を言っていればいいという時代ではない。

そうなると、社外取締役の条件、資質がものすごく問われてくるんじゃないかと思うんです。

中西　そうですね。これは簡単ではない。まず、社外であることが価値があるのではないですよね。社内では得られない知見がある取締役を選ぶ、というところに最大の目的があるんだと思います。

今、日立では11人のボードメンバーがいますが、8人がインディペンデントボードディレクターです。うち4人が海外の人です。

グローバル化して、いろんなオペレーションをしていく上では、そういう人が必要だということで、海外のCEO経験者から選びました。常にロングリスト、ショートリストを持って、毎年一人ずつくらい選ぶ、という体制を作っています。

地域、業界、どういうCEO経験者か、というのをリストとして持っていて、常に補充していくということを考えていかないと、これはできないです。

自画自賛ですが、今までのところ、そういう見識ある社外取締役を選べてきたと思っています。

実はこれも、私が社長になったときに、変えたんです。こういう言い方をすると、自分で唾を吐くようなものですけど、かつての取締役会は、財界活動のお友だちから選んでいたような雰囲気だった。和気藹々《あいあい》でね。

でも、これではあかんというので、入れ替えたんです。川村さんと一緒に、順番に。

冨山　でも、これだけの人を選ぼうと思ったら、中西さんや川村さん、ご自分でもかなり動かれたんでしょう。

中西　そうですね。もちろんヘッドハンターを使ってリスティングをしますが、ショートリストは毎年一回、更新しますから、必ず動いていかないといけないですね。

もう日本人だけでいい、というわけにはいかない

中西　常にどういう類のどういう人を次の候補にしなきゃいけないか、というリストを持ってアップデートしているんです。ただ、こういう方々は、主としてCEO経験者が多いので、同時にたくさん声をかけるというわけにはいかない。来年の株主総会で選任するということになると、来年の2月には、だいたいの候補は本格的に決めておかないといけない。最後の決断は4、5月でもいいんですが、すぐには動けないですから。「こういう人に今回は代わってもらったほうがいいかな」「こういう類の人が必要だ」というリストを常に作って、それで順番に柔らかいインタビューをやって、興味があるか、可能性はあるか、ということを打診しつつ探っていくという作業は、一年中やっていますよ。

冨山　そうですよね。だいたいすぐに動けない人たちですから。そうすると足かけ数年かかっちゃうケースもあるんですか。

中西　2、3年はありますね。今はこれをやっているから、そのあとなら、とか。

冨山　あ、ちょっと待って、と。だいたい人気がある人が多いですよね。もちろん国内外ですよね、日立の場合は。

中西　内外です。実は案外困っているのは、国内なんです。いないんです。日立の場合は、みなさんお客さまになってしまう。大企業の経営者というと、お客さまの関係が多い。

冨山　利益相反になってしまう。

中西　だから、これは他の企業さんよりも、私どもは苦労しています。だから、国内の経営層から次を選んでいくというのは、すごく難しい。社外取締役がいない、という声がよく聞こえますが、本当にその通りで、特に女性が足りない。

アメリカやヨーロッパでは、インフラビジネスのことをわかっているCEO経験者はいます。アジアは少ない。中国は一番困ります。中国のマーケットをわかっていて、そして方向性を出せる、常識的にこうした株式会社の成り立ちみたいなことを理解できる経営経験者はほとんどいないです。台湾や香港では候補が挙がるんですけどね。

冨山　グローバル企業だけではなく、全産業がこういう感じになっているんじゃないかと思うんですよ。一見ローカルな産業をやっているように見えても、実は海外で起きているデジタルトランスフォーメーションが日本にすぐにやってきてしまったりしますから。ローカルだから日本人だけでいい、というわけにはいかないですね。

中西　そう思います。そして実際に、海外の人を持ってきたときのほうが、議論がとても膨らむんです。

冨山　アクティブなんですね。

中西　日立にはたくさんのビジネスポートフォリオがありますから、一方で自動車部品の話をしながら、他方で発電所の投資が妥当か、ということを議論していただかなければいけないので。時間軸もずいぶん違うような話もしないといけないですし。

現実の個別案件の許認可など細かな話は、ほぼ１００％執行役側に任せています。しかし、取締役への事業説明の際に理解できないと言われると、報告者は詳細をご説明させてくださいと言い、それに対して取締役としては詳細を聞いているわけではないのだという話になるので、このあたりも、とても興味深いですね。

冨山　執行役側としても、とても勉強になる、ということですね。

社内の仕組みはどう変わっていくべきか？

月俸者になると、もう年功序列は一切ない

冨山　もうひとつ、今度は社外ではなく、社内の仕組みの整備についてですが、それこそ社内で候補者の人材プールを作っていくには、評価の仕組みなど、人事の仕組みも変える必要があります。大きく変えられましたよね。

中西　そうなんです。それが、一番大きな仕事でした。大きく変えました。日立では月俸者になると、もう年功序列は一切ありません。ジョブグレード（職務等級制度）で決まります。

冨山　ジョブ型ですね。メンバーシップ型ではなく。

中西　しかも、月俸者というのはおおよそ課長以上のことで、管理職という定義ではないんです。グループ従業員は国内では約17万人です。そのうち製造に携わる従業員が約3万人。です

から、14万人近い人たちが、言ってみればデスクワーカーなんです。その多くが大学卒で、高学歴。プログラムを作っている人が管理職というわけではないけれど、やっぱり誇りは高いですよね。

だから、残業云々というよりも、自分の出した成果、自分の能力でもって評価してもらうべきです。管理職ではなく、部下が何人いるわけでもないけど、月俸者。これは、ジョブグレードで決まります。

冨山　それこそアメリカとかヨーロッパって、むしろこっちのほうが自然ですよね。ジョブ型になってしまっていますから。新興国も概ね同じ方向です。

中西　そうなんです。

冨山　だから、グローバルに人を回す、ということになると、ジョブ型にしていないと本当は回せない。

中西　おっしゃる通りなんです。だから、グローバルグレードという制度にして、こういう職種のこういうグレード、ということですぐにわかる。それは「その力量だと報酬はいくら」というのが市場で決まるという考え方ですから、アメリカから日本に来たら給料が上がるか下がるか、というのもマーケットで決まるわけです。そういう仕組みにしました。

冨山　同時にけっこう出たり入ったりするじゃないですか。これから他の会社に行って戻る人もいるだろうし、ベンチャーでやってまた戻る人もいるだろうし。

中西　だから、出戻り自由が可能になったんです。

冨山　それがないと逆に出戻りはしにくいですよね。

中西　リーマンショック後に大きな構造改革をしたわけですが、結局、人材の活用が一番大きな経営課題になったんです。経営陣もそうですし、候補者選びもそうですし、人材の活用に相当なエネルギーを使った。

よく、グローバル人材、といわれますよね。でも、グローバル人材とは何かというと、よくわからないんです。要するに、マーケットをグローバルに見ることができて、グローバルに展開した組織をきちんとマネージできる人をどうやって育てていくか、ということだと思ったんですね。

となると、日本で一番弱いのは、ダイバーシティなんです。ダイバーシティを会社の中で作っていかざるを得ないということになります。

日立グループの日本国内の雇用は16万人ですが、世界では30万人いるわけですね。そうすると、海外で優秀な人を採用して、その人たちの活躍する場を日本に求め、世界に求め、そこにまた日本人を混ぜていくというミキシングがとても重要な課題になるんです。そのためにも、人事制度を変えないといけなかった。

お恥ずかしい話ですが、私が社長になったときには、グローバル人材の意味は組織ごとに異なっていました。一貫して見られるデータベースはなくて、どこに誰がいるのかもわかりませんでした。

この従業員は能力があるではないかと引き抜こうとすると、先にも言いましたが、せっかく私が育てた者を引き抜くな、とこういう話になってしまう。

こういうことを解決するためにデータベースを作り、それから全部のジョブグレードをグローバルに統一し、それをベースにしてパフォーマンスを評価して、その評価を通じて人材をセレクトしていくということにしたんです。

まだ多くの時間とエネルギーを使っています。そしてまだ完成していないんです。

人事制度改革は、かなりトップダウンで

冨山　ライン側がエースを出したがらない、というのは、よくわかりますね。

中西　かじりつきますから（笑）。

冨山　それはトップ権限でやる、と。

中西　だから、もう推薦で待っているわけにはいかないんです。いろいろと話はしますけど、アサインされたら、それはもう否応もなし。

冨山　あきらめてもらう、と。じゃないとできないですよね。

中西　ええ。これが一番、抵抗感が強いんじゃないかな。「この事業からこいつを抜いたら潰れちゃうじゃないですか」と来ますからね。

冨山　脅かされるわけですね（笑）。実際には大丈夫なんですけどね。企業組織って有機的だから、ちゃんとなんとかなるんです。でも、やっぱり出す側からすると、ですね。

中西　せっかくオレが手塩にかけて育てたヤツを、と（笑）。それを、トップマネジメント層が引っ張り上げる。

冨山　その基準ははっきりさせているんですか。

中西　これがなかなか難しいですよね。だから、360度評価というのも、同時並行してやります。

冨山　細かくモニタリングするわけですね。

中西　はい。良さそうだ、という人材については、あらかじめ人事がリストを作っていて、社長インタビューをさせます。

冨山　そうですよね。通常のライン人事に任せちゃうと、絶対に尖った人材は出てこないですね。

中西　昔は、そういう制度だったんです。

冨山　だから、尖った人材は上がってこなかったんですね。

中西　そうです。オペレーションばかりに長けた人材。それではワークしない、ということで、変えたわけです。

冨山　いわゆるローカルルールだったわけですね。

中西　だから全部それをぶっ壊した。

冨山　ジョブグレードを作るとき、かつてあった仕組みを壊したわけですが、社内的な反発はなかったんですか。

中西　そりゃ、あったでしょうな（笑）。あそこ（取材に同席している日立社員を指さして）に当事者がいますよ（笑）。

冨山　ある種、既得権に手が突っ込まれたわけですから。

中西　だけど、何が議論されているのか、あまりわからなかったんじゃないですか。だから、強くやりました。かなりトップダウンでやりましたから。

冨山　まさにトランスフォーメーションですね。でも、こういう話って、ボトムアップでやっても絶対にうまくいかないですから。

中西　こういうことがどうやら正解のようだ、というレジュメをたくさん作って、それを世界中のいろんな事業所に一気に説明して回りました。でも、さぁやるぜ、というときに抵抗がすごく起こりました。

冨山　そこで意味が分かったわけですね。

中西　だから、2、3年かかったんじゃないですか。ワッとマクロ感を決めてから、その中でジョブグレードを定めて、それを整理して作って、「こうだよね」と伝えていくまでには、それなりに時間がかかりました。

冨山　給料が下がる人も出ますからね。

中西　ちゃんとやらないと給料は大きくは上がっていかない、ということですから。ジョブグレードが上がらない限り、給料は上がらないんですから。だから、頑張ってやろう、という人材をたくさん作りたかったわけですから。

そんなに簡単に、みんながハッピーにはならない

中西　「自分でやって給料を上げよう」「ジョブグレードを上げよう」「上を目指そう」という空気を生み出すのが、目指した次のマインドセットチェンジだったんです。放っておくと誰も言ってこないです。特に日本人は。

これではダメなんですよね。お母ちゃんにお尻を叩かれてでもいいから、「自分は上に上がりたい」という人材が出てくるようになるにはどうするか、ということなんです。それに今、挑戦しているんです。

冨山　日本人以外では、やめろと言っても、手を挙げてくる人がたくさんいるんですけどね（笑）。「オレはすげぇんだ」と。

中西　こいつじゃとてもできないと思ってもね（笑）。

冨山　そんなすごくないのに、と（笑）。アメリカ人とか、中国人とか。一部ですけどね。でも、ここまでドラスティックに変えたのは、なかなかできることじゃない。大変だったでしょう。普通、引力は社員に向いていますからね。みんなが働いているわけで。また、

いろんな国で人を雇っている。今、日立で起きているような方向に押し出される力は、おそらく他のエレクトロニクスメーカーでも自動車メーカーでも、きっと働いているとは思うんですよ。ですが、今言われたように、やっぱりやろうとすると、いろいろリパーカッションが起きるので、そのリパーカッションをどこまである意味、ぶっちぎれるか、ということですよね。言い方は悪いですけど。

中西　何より、けっこうM&Aをやりますからね。この仕組みがないと困る。

冨山　統合プロセスができないですよね。1国3制度、4制度とどんどん制度が増えていってしまって、わけがわからなくなっている会社、実は少なくないですから。M&Aやっていって、制度を作り直せないとそういうことになる。

中西　例えば、鉄道の事例なんか一番の典型なんだけど、まだずっと日本が中心で、そこでもって「あそこを使う」「ここを使う」なんてやっていたのを、「でも、マーケットは世界のほうが大きいんだから、本社は海外」となったわけです。そうすると、今まで部下だったのが、上に立つことになる。そこで人材をどう使うかを考え出すと、単に混乱の極みになりますね。だから、誇りを壊すということなんです。

従来だと、日本はマザー工場みたいな定義があった。ここで培った技術を海外に移転するんだ、と。でも、そんなのじゃ、ダメなんですよ。要するに、裸の能力で勝負しないと。そうでないと、たちまちマーケットから落っこちてしまう。

そういう議論がダァーッと出てくるようになってからは、ジョブグレードに関しても、抵抗感はどんどん減っていきましたね。そんなに簡単に、みんながハッピーにはならないいんですよ。

冨山　おっしゃる通り、競争やデジタルトランスフォーメーションの力がどんどん働いてしまっていますよね。もうグローバル競争やデジタルトランスフォーメーションの圧力が、どんどん高まっている。

その風圧を自分の顔で感じ始めると、「まあ、しょうがないかな」ということになるんでしょうね。

やっぱり修羅場をくぐらせること

冨山　ちなみに、経営層の若き候補者については、どんなふうにして育成していこうとお考えですか。

中西　やっぱり修羅場をくぐらせることじゃないですか。例えば、海外の孫会社くらいの小さな会社の社長にして、3年間くらい苦労させてから帰ってくる。要するに、オン・ザ・ジョブ・トレーニングで教育するのが一番いいんです。

もっというと、クリスマスイブの頃に、キャッシュが足りなくて、社員にボーナスが払えないような経験をさせて帰すくらいがちょうどいいと思います。

それが今も結論で、次の社長の候補者はこんなふうに教育されるはずですよ。

冨山　そうすると、海外の厳しいオペレーションの場とか、負け戦になっているような会社は、むしろいい場所になりますね。仕事柄、修羅場の景色は何度も見て来たし、経験もしてきましたが、人材の選別も鍛練もこれほど素晴らしい環境はないです。

中西　なかなか海外のちょうど手頃な会社は数が足りていないので、そこがちょっと困っているところですが、考え方はそういうふうにしようとしています。

あとはさっきも言いましたけど、全体感の持てる場でトレーニングしていくことが絶対に必要です。若いうちに、海外で外国人の下で働く。その次は外国人の上に立って仕事をする。そういうことも含めた経験が、必須ですね。

冨山　修羅場経験、海外経験、子会社、さらには実際のボードメンバーと関わる……。こうやってだんだん絞り込まれていくわけですが、最後の3、4年というのは、どういう育成プロセスがいいとお考えですか。

中西　やっぱりボードメンバーとのインタビューですね。今は、ボードメンバーにメンターをお願いしているんです。この人は候補だよね、というと、ボードメンバーにメンターを頼む。だから、経営会議で重要な判断をしてもらわないといけない項目は、メンターにまず相談する。説明して納得してもらう、と言ったほうがいいかな。相談するというよりも。

冨山　社外取締役の方がメンターになるんですか。

中西　そうです。もう3、4年やっていますね。

冨山　逆にいうと、メンターができるような社外取締役でないといけない、ですよね。

中西　まったく、その通りです。

冨山　となると、社外取締役の人選が、ますます難しくなりますね。

中西　でも、社外取締役の人で、メンターやらせろ、という人もいるんですよ。

冨山　あ、分かります、それ。

中西　その気持ちはよく分かるでしょう。言われなくても、メンタリングしたくなることもありますからね、私も（笑）。

冨山　それを仕組みにしちゃった。

中西　はい。いろいろ議論していると、「このままじゃダメじゃないか」ということになって。1年やったところで、「やっぱりメンター、やめますか」という話もしてみたんですが、「いや、もうちょっとあいつを見ないとダメだ」なんてコメントが戻ってきて。

冨山　受けているのは、どんな人たちですか。

中西　一般論じゃなくて、日立の話、ということでお話をしますが、執行役になっている人たちは50代後半から60代前半がほとんどなんです。その中から、次の経営ということで、お眼鏡に適う人って、ほとんどいないんです。露骨に言ってしまうと。それで、そうなる候補群というのを10人ほど選んでいまして。

冨山　もうちょっと若い世代ですか。

中西　そうですね。50代前半から、上でも50代半ば。

冨山　一番いいときですね。

中西　ええ。そこから選びたいと思っていたんですが、やっぱり、この範囲からだと厳しいかもしれないという意見もあって、ベースのところで50人というのをまず選んだわけです。それはもう40代、若い人は30代後半くらいから。そこで選んでセレクトして、というのを始めたんですね。

冨山　メンターがついているのは、どのレイヤーですか。

中西　2番目のレイヤーですね。50代前半から、50代半ばの。

冨山　彼らにしてみるといいですね。それはすごく。

中西　しかもこれも、あまり秘密にしていないんです。

冨山　わりと公明正大にやっちゃってる（笑）。そのデメリットって、特に今のところないですか。

中西　あるんでしょうけど、わかんないな（笑）。でも、やらないと手がないんだもん。

冨山　これは、社外取締役にとっても、いい。メンターをする社外取締役も、将来のCXO候補であることはわかっているわけですよね。その先の命運をまさに決める最も重要な意思決定をしないといけないのが、社外取締役です。代表権がついている人の選任は、ボードディシジョンですから。その結果に対して、責任を負わないといけないので、そこで間違っちゃうというのは、後から考えたら、これ最悪ですものね。

中西　それ以外に、報酬をもらう理由がないかもしれない（笑）。

冨山　そうすると、何年かに1回やってくる意思決定について間違ってしまったら、いったい何のために座っているのかわかりませんよね。おっしゃっていた大きな方向性の舵をどう切るか、という議論と、パイロットを誰にするか以外は、どうでもいいとはいいませんが、はっきり言ってボードで議論すべきことじゃないんです。

少なくともそれが本来の社外取締役の仕事だと私は思ってやっているんですが、そうするとメンターの話もそうだし、あるいは選抜するところで相手がどういう人物なのかを、自分も相当手触り感を持ってわかっているというのは、最後の一人を選ぶときには、ものすごく大きい。絶対条件ともいえますね。

逆に普段、まったく接点がない人に、執行部から「この人、次の候補としていかがでしょうか」と言われてエンドースしろと言われても、「知らないし」となってしまう。責任が取れない。

そんな手順でやるのなら、すいません、社外取締役を降ります、なんてことになってしまいます。

中西　だから、このプロセスの変化というのは、先にも言ったように、私どもの会社の中で、一番ダイナミックな変化なんです。この10年間で。それまでは社長・会長の専権事項だったんですから。

冨山　普通、だいたいそうですよね。日本の会社では。ときどき相談役まで出て来たりしますから（笑）。

第3章

採用が変わる、キャリアが変わる、教育が変わる

大企業でも、若手を抜擢する仕組みは作れるか？

伝統的な会社にも、思い切った抜擢がある

冨山　ポテンシャルのある人材を早期に引き上げて鍛える、しかも公明正大にやっているとなると、社内ではやっかみみたいなものも起きているんじゃないですか。

中西　起きているでしょうね（笑）。

冨山　鈍感力ですか（笑）。

中西　気になったら、職場を動かしますよ。

冨山　場所で鍛える、ということですね。場を与えて「頑張れ」と。

中西　やはりタフ・アサインメントですよね。

冨山　まぁ、結局、それしかないですよね。いくら座学で勉強しろといっても、戦記物読んだか

らって、戦争に強くなるわけじゃない（笑）。あれ、勘違いしている人、多いんですよ。実戦は違うので。戦記物って、結果を知っていますからね。

中西　厳しいところに放り込むときには、本人には言うんです。「あなたにはこういう期待を持ってやっているんだ」と。

冨山　自分も含めて同世代の人たちの育ち方を見ていて改めて思うのは、マネジメントという仕事が、いかにプロフェッショナルになってきていて、かつタフになっているかということです。

中西　強い意志がないとできない。「僭越ながらご指名でございますので」などという気持ちでやれる仕事ではない。前任者の何とかの引き継ぎで、みたいな、ああいうノリでやらないでね、という感じの時代に、今は変わっていると思うんです。

冨山　まあ、幸いにして、むしろ30歳前後では、そういうことは自分の意志で、買って出てでもやるもんだと思っている人の数は増えていると思います。

中西　増えている感じですか。それは素晴らしいですね。

冨山　ええ。というか、そうでないとダメだ、という認識が出てきているんでしょうね。ダメだとこっちが言っているからかもしれないけど。

冨山　逆にいうと、時代がずいぶん変わってきて、いろんなリーダー像やロールモデルを見たときに、しっかり意志を持たないとやっぱり無理だ、という印象があるんじゃないでしょうか。今の若い世代ほど。

中西　でも現実は、この停滞の20年の間に、結果として頑張ろうが頑張るまいが、たいして給料は変わらない方向へ行ったのが事実でした。頑張って成果を出したらグッと差がつく、とはならない。その結果として、何年かの間で、頑張ってもしょうがない、自分はこんなものだから、と考える空気が広がったんだと思います。

冨山　そういう人もいますね。

中西　いや、相当増えたと思います。でも、頑張って苦労して評価されなかったら、それは致し方ないとも思う。

冨山　ちょっとむなしい。

中西　だから、そういう空気を変えていくのが、社長になってからの、私の最初の取り組みだったんです。そうはいっても頑張ろう、と思っている人を引き上げる。これを、3年くらい相当やりました。そうしたら、やっぱり変わった。

今では日本の伝統的な会社でも、思い切った抜擢もあるんだ、ということを多くの若い人に知ってほしいんですよね。

冨山　今どきの若くて潜在的エリートのクラスター、端的にいえば、東大や京大の優秀な学生たちですが、彼らの就職人気ランキングには、伝統的な、いわゆる経団連っぽい会社はほとんど上位に入っていないんです。コンサルティングファームだったり、投資銀行だったり、外資系ＩＴだったり。

「自分はそれなりに潜在的にすごいんじゃないか」と思っている若い子たちの大半は、日本企業に入ると、伝統的な世界にはまってしまって、若くして抜擢されるようなルートはないんじゃないかと思っている気配はありますね。

中西　あります。

冨山　私がＣＥＯを務めている経営共創基盤は、その最新ランキングで実は10位に入っていました（就活サイト・ワンキャリアによる２０１８年調査結果）。業界的にはその高いランキングの側にいるので、好ましいことではあるんですが、日本の社会全体にとっては、これはあまり健全ではないのではないか、と私は思っています。

優秀な若者が何を考え、どういう行動を取っているか

冨山　別にコンサルティングファームに行こうが、投資銀行へ行こうが、日立製作所に入ろうが、パナソニックに入ろうが、本来は同じじゃなきゃいけないんですよね。意思と能力のある人にとって、同じようにチャンスが与えられ、チャレンジの場がないといけない。

中西　そうじゃないと競争に負けます。

冨山　ですよね。人的資源がどんどん外に行ってしまう。むしろ今だったら、ベンチャーのほうがもっといい、ということにもなっています。実力次第で没落もするし、うまくもいく。うちの会社では、10年以上前から、今ではＡＩ分野の超有名人になった東大の松尾豊先生の研究室なんかと色々な産学連携イノベーションやスタートアップ支援のコラボをやってきているのですが、そこで知り合った優秀な学生に「うちに来ないか」と誘っても最近はほとんどダメですね。彼らのファーストチョイスは明確にスタートアップです。優秀な人材を刈り取り放題っていうことになると、結局、能力のある子たちはそっちのほうにチャレンジする。もちろんベンチャーも増えたほうがいいんだけど、本来は事業会社

も普通にそうあるべきだと思っているので。
中西　そういうふうにならないと、という危機感を持たない経営者はけっこういますよね。
冨山　それはなぜですかね。
中西　なぜでしょうね。
冨山　優秀な人材が来ていないことに気づいていないのかもしれない。真剣に経営している人があのランキングを見たら、やっぱり危機感を持つと思うんですよ。東大卒とか京大卒が頭数だけ採れているのかもしれないけど、本当に優秀な人材かどうか。
中西　だから、会社はもっとメリハリをつけたほうがいいし、メリハリをつけた会社、チャンスのある会社もある、ということをもっと学生に知ってもらわないといけない。
冨山　同時に、才能もあるし、いい意味での野心もあるような若者たちが本当に今、何を考え、どういう行動を取っているのか、いわゆる大企業の経営者のみなさんは、もっとビビッドにセンシティビティを持たないとダメだと私は思います。
あのランキングは、よくわからない怪しげなコンサルティング会社が作ったインチキランキングだ、と言っている人を私は知っていますが、かなりちゃんとしたランキングです。繰り返しますが、それで私の会社が10位なんです。できて12年目の会社ですよ。規模的にもプロフェッショナルが全世界で250人くらいの組織です。それはどうしてなのか、ということです。もうちょっと、みなさんにも頑張ってもらわないといけない。正直な話、自分たちがすごくて10位になった、なんていう感じはまったく私は持っていないんです。そんなことはまったく思っていない。要するに、まわりが落っこちていっちゃったから、上がってきただけです。

中西　だけど、採用の現場が本当に今、私がしゃべっているようなことを、自分の言葉として語れているのか、そういう問題もあると思います。

それから、日立みたいな会社は母集団がでかいから、リクルーターっていったら、若いやつを出すわけです。あの仕掛けもダメなんですよね。

冨山　おっしゃる通りです。当社みたいな組織というのは、私自身が出ていくんです。当社の新卒採用時に潜在的なトッププレイヤー候補になる対象は、せいぜい毎年母集団で100人もいないわけです。

これもはっきり言っていますけど、当社は採用目的でインターンをやっています。だから、ちゃんとやる。正味4、5日くらいの期間で課題をやってもらって最後に発表するんですが、そこにCEOの私が自分で行って、一人ひとりにああだこうだと講評するんです。実は当社のランキングのかなりの部分は、それに支えられているようです。「IGPIはどうもトップの冨山さんがずいぶん時間を使って、ああだこうだと言ってくれる」と。しかも、いちおう私も思いがありまして、手を抜かないことにしているんです。学生さんだと思って甘やかすのは一所懸命やっている彼ら彼女らにむしろ失礼なので、真剣勝負で相当ボコボコにするんです。本人が泣きそうなくらい。どうもそれがウケている。それこそ、入社1、2年目の人間、まだまだ半人前の人間では、私たちから見たら、学生と大差ないわけですよね（笑）。さっき中西さんが言われたように、それがリクルーターというのは、私も正直おかしいと思いますよ。

中西　むかし、私もそういうリクルーターをやったことがあるけど、あれはダメだな、と。

企業の採用は、どう変わっていくべきか？

一括採用は、グローバルに採用するとすれば違和感がある

冨山　採用といえば、中西さん、新卒一括採用について疑問を出されて、大騒ぎになりましたね（笑）。

中西　だから、リクルーター制度なんかも含めて一括採用というのはどうなのかな、と素朴に思ったわけですよ。

冨山　そもそも、問われるべきは本来あるべき姿、ですよね。

中西　もうおっしゃる通りです。

冨山　グローバル企業の日立なら当然だと思いますが、グローバル採用型になっている。

中西　そうならざるを得ないんです。

冨山　ですよね。

中西　ただ、メディアから聞かれるときは、採用が個社の話として聞かれるんですよ。何人採用しますか、といった具合に。例えば新聞などは、それを記事に絶対にしないといけない義務感を持っていますからね。そういう記者が多いでしょう。

だから、案を作って発表します。でも、もともと採用は、海外でもやっていますから。グローバルに事業をやっていけば、海外の人材をどう活用していくか、ということは当たり前に考えないといけない。

ただ、彼らはいつ大学を卒業するか、いつ職を求めるのか、というと、日本とはまったく違うわけですよ。

冨山　だいたい、3月卒業じゃないですからね。

中西　そうなんです。だから、日本の卒業時期という前提に立つと、一斉に一括採用ということ自体、違和感があると言わざるを得ないわけです。それが悪いなんてことは、まったく言っていないですよ。悪いとは言わないけれど、違和感がある、とは言わざるを得ないということです。

グローバルに採用するとすれば、一括採用自体が難しいわけですから。卒業時期が違うんですから。

冨山　新卒一括採用で、これだけでちゃんとやれ、と言われると困っちゃうわけですね。

中西　はい。それが前提で、いつから何をする、という時期が固定されているというのは、やっぱり世界から見るとおかしいと思うわけです。それが、素朴な私の発言の原点だったんです。

冨山　グローバルに将来活躍しようと思っている学生も、同じですよね。海外に留学していたら、卒業時期はずれますからね。

中西　ちょっと振り返ってみると、今から4年ほど前でしょうか。東大が9月卒業を検討している、なんて話が出て来たら大変な騒動になってしまった。結局できなかったですけど、あんな騒動もおかしい、と思うんですよ。

日本型の新卒一括採用が生み出した悲劇の世代

冨山　でも、採用では、なし崩し的に、いろんなやり方が出て来ているようですけどね。

中西　だから、こういうことって、グローバルスタンダードのようなものがあるわけでも何でもないんです。労働市場というのがマーケットとしてあって、そこに自分たちが入っていく。学生にはそう思ってほしいし、採用側も、そのマーケットでいい人をきっちり採るための仕掛けを考えてくださいね、ということだけですよね。

お互いの市場性がしっかり確立する、というのが、前提条件なのに。

冨山　学生にも選ぶ権利はありますからね。

中西　あります。

冨山　むしろ最近は、学生のほうが強いですから。

中西　売り手市場ですから。ときどき氷河期というのがガーンと来ることもありますけど、これも市場ですから。市場として成り立っているんだとすると、景気が回復すればそのとき、いい就職先がなかった人も、次のチャンスをどんどん得られるという、そういう方向が極めて自然だと思うんです。

冨山　いわゆる氷河期世代は気の毒だったわけですが、私は前から日本型の新卒一括採用が産み出した悲劇の世代だと思っているんです。結局、あの新卒の就職のタイミングしかチャンスがないので、あそこを逸してしまうと本来のコースに戻れなくなってしまうんです。あの氷河期世代は、象徴的でした。

中西　どうして、そんなふうになっちゃうんでしょうね。

冨山　そうなんですよ。だから、「新卒一括採用のおかげで、日本の若者たちは幸せになってきた」と声高に主張している学者とか評論家とかがいるんですけど、「じゃあ、氷河期世代はどうなんだ」と私は言いたいわけです。そういうことを言う学者や評論家は、まったくわかっていない。

中西　同感ですね。

冨山　新卒一括採用は、高度成長期の加工貿易立国時代に有効だったんです。すべて日本でやっていた。日本のメーカーは日本で完結していましたよね。原材料を輸入して、製品にして輸出する、というモデルでしたから、日本国内の事情でやっていけた。それで世界で勝てた時代がけっこう長かったんです。

また、その時代は基本的に人手不足でした。人手不足の中で大量一括採用が行われていた。それが終身年功制とつながって工場での共同作業とも相性がよかった。均質な生産活動を量的にこなしていくことが求められていましたから、とにかく号砲で一斉に就職活動が始まって、同じ日程でことを進めるというのは、効率が良かったんでしょうね。

中西　要するに、生産設備を作っていくのと、まったく同じプロセスなんですよ。地方から金の卵を採用したり。それが産業の構造とピタッと合っていた。

冨山　合ったんでしょうね。たまたまそれが30年くらいわりとうまく機能しちゃった。日本型経営とか日本型雇用慣行というのは、ある時期、ある社会状況、ある産業構造の中で、たまたますごくフィットしたんだと私は思っているんです。

それを、我々の先輩方がうまく作ってきたのは間違いない。でも、産業構造が変わり、社会構造が変われば、当然それを変えていかないといけないんです。でも、あまりにうまくいってしまったものだから。

中西　成功体験が大きすぎた。

冨山　ものすごくイナーシャ（慣性モーメント）になってしまって、それをなかなか変えられなかった。その結果としての、バブル以降の30年近くじゃないでしょうか。

アメリカは日本の成功モデルを徹底研究していた

中西　それは採用の問題だけじゃなくて、雇用そのものとか、会社のオペレーションそのもの、企業の教育プログラムもそうですよね。

冨山　全部つながってきますね。学校教育も。

中西　だから、大学なんて勉強しなくていいよ、となった。元気があって、スポーツ系がいい、なんてことが言われたり。

冨山　明るくて丈夫で、みたいな。

中西　それを入社後に、いかにトレーニングしていくか、と。そういう徒弟制度的なシステムがずっとあって、別にそれでうまくいくんだったらそれでいいんですよ。でも、そういうモデルは、とうの昔に壊れてしまっている。

冨山　私はちょうど90年から92年あたりにアメリカに留学していたんですが、当時は「ジャパン・アズ・ナンバーワン」の時代でした。今から考えたら、その終焉の時期なんですけどね。だいたい終焉の時期が一番華やかなんです（笑）。だから、アメリカでもてはやされて、ビジネススクールでも、とにかく日本のケース・スタディが多かった。僕ら日本人留学生は「日本ではこうやってる」「日本のライフタイム・エンプロイメントはすごい」「カイゼーン！　ジャストインタイム！」と言っておけば、Aがもらえたんです。本当に。
でも、こういうときが罠なんですよね。そこで日本は調子に乗って、ボーッと生きちゃった。どこかのテレビ番組で叱られそうな展開です（笑）。当時、すでに向こうのゲーム理論の学者なんかは、日本のことを徹底的に調査研究していたんです。それで、日本型のシステムを、文化とかで安易に説明しないで、かなりシステマティックに分析していた。MITが日本についてのレポートを出していましたが、あれを読むといわゆる情緒論とか文化論ではなくて、極めてシステマティックに原因と結果を分析していて、「この部分はアメリカにも応用可能だけれど、こういうところはダメだ」みたいなことをやっていたんですよね。

それでその後、シックスシグマ（米モトローラ社が開発した品質管理手法）が出てきた。あれは要するに日本のTQC（Total Quality Control、統合的品質管理）を研究したからでしょう。

中西　TQCは向こうから学んだんだけど、日本でブラッシュアップされて完成されたんです。それをまた彼らが研究し直して、シックスシグマになった。当時、彼らが言っていたのは、日本型のTQCというのは明確な個人的インセンティブがない、と。ある種、みんながボランティアでやっている。しかもすべてがグループオリエンテーションなので、そこでいい結果を出しても個人にどう反映されるか、はっきりしない。

冨山　これだと結局、チームでやったときにサボっている人間がトクをして、頑張っている人間がソンをするじゃないか、というような理屈があって。そこからしばらくしてシックスシグマが出てきたら、最後は個人にすべてを還元するような仕組みになっていたんです。だから世界中どこでも持って行ける。

中西　なっていましたね。それはまったくコンセプトが違う。

冨山　違いますよね。これは考えたな、と思いました。ちょっとやられた感が、正直ありました。

中西　だから改めてシックスシグマを勉強し直していますよ。ブラックベルトとか。

冨山　あれは個人がブラックベルトをもらえるんですよね。

中西　そうです。資格ですから。

採用方法の複線化は極めて自然

冨山　話は戻りますけど、通年で自由に採用するという形は、グローバル企業では一般的なんですよね。

中西　そう思いますね。だから、まず自分たちはどんな人材を欲しいかということを、ウェブでも何でも公開していて、そこで応募してくれれば、ちゃんとあるプロセスでもって受け付けて採用していく、という仕組みです。

日立はだいたいそういうことはもう用意してあります。それとは別に一括採用もやっていますけど、今は。

冨山　多くの企業が、そうした複数の流れになってしまっているんじゃないでしょうか。でも、やっぱり優秀な学生、グローバルに戦ってもらいたいなと思えるような学生たちの採用が重要ですよね。

当社などは、ほぼそういう採用しかしないじゃないですか。インターンもそういう子が対象ですが、基本的にものすごく勉強している印象がありますね。それぞれの分野で。最近は理数系が多いですが、生命工学なら生命工学をすごく勉強している。その上で、ほぼ一週間のインターンにやってくる。

ときどき、インターンと学業の二律背反は問題だなどと言う人がいます。でも、申し訳ないですが、私自身も出ていって、一週間の間にそれこそ大学の単位1個ぶんくらいのことは授けようと思っています。かなり気合いを入れてやっています。就職人気ランキングが高いのは、インターンの影響が大きいと言いましたが、すぐに噂で流れますから。

そして、先にも言いましたが、採用直結とも言っています。

中西　インターンって、もともとはそういうもんじゃない？

冨山　そういうもんですね。

中西　日立がやっている制度がいいとは思っていないけど、うちは8、9割が理系採用なので、夏休みに夏季実習という格好でインターンをしてもらうんです。工場や研究所で、本当の仕事の中に入れちゃう。

冨山　それは最高ですね。インターン後は、リアルワールドも見て、ちょっと勉強する感じが変わるんじゃないですか。

中西　だと思いますね。それは大学側が、そういうことを義務づけているケースと、推奨しているケースと、まったくやっていないケースと、いろいろあるんですけど、けっこう先輩がたくさんいる学科についていうと、必ず来ますよね。実際には、けっこう辛いな、と言って帰るみたいですけど（笑）。

冨山　でも、彼らは嫌々やっているわけじゃない。

中西　それは違いますね。だって、サボったって怒られるわけじゃないですし。

冨山　必死に学ぼうと思っているわけですから。でも、こういう採用と一括採用と、複線化していくんでしょうね。

中西　一括採用はなくならないでしょう、たぶん。

冨山　一括の流れに乗ったほうがいいタイプの企業とか、そういうタイプの学生はいますから。私たちの「みちのりホールディングス」という子会社は、東北地方を中心に地方の公共交通機関の再建と経営を行っていて、連結ベースで約5000人の従業員がいますが、ああいう仕事のオペレーションを担ってもらうような基盤人材の新卒採用は、一斉採用の方が合っているように思います。

同じく私が社外取締役をやっている東京電力において、その中核業務である発電所の運転や送配電網の維持管理を担ってくれる皆さんなんかも同様かも知れません。

中西　だから、複線化は極めて自然ですよね。

冨山　それこそ、途中で1年なりの短期留学で学ぶ学生も増えています。そうすると、卒業式が半年ずれる。留学している間は就職活動できない。しかも、そういうところに、優秀な学生はいますから。ところが9月卒業です。だから、一斉には乗らない。

当然、複線化しますよね。そしてグローバルに戦っていって、そこで自己実現をしたいという能力と意識を持っている学生は、世界に行こうという傾向が強いんですから。

中西　だから、やっぱり複線化せざるを得ないでしょ。グローバルに採用しようとすると。

冨山　企業側も、世界中で採用するわけですからね。

教育では数学や語学など、基礎をちゃんとやってほしい

冨山　大学教育については、言いたいことはありますか。

中西　いや、極めて多様な人材を求める、というのが正直なところですから、こういう鋳型にはめた人をください、というのはないですね。

ただ、最低限はやっぱりあります。今の日本の学生や若い人たちを見ていて、これはちょっとまずいんじゃないか、と思っていることがあるんです。それは言いたいですね。例えば、最低限のＩＴリテラシーということになると、数学はちゃんとできていてほしい。

冨山　基礎能力系ですね。

中西　それから、やっぱり外国語。大学を出たんだから、得意でなくてもいいから、外国語が嫌い、というのはやめてよね、と。

冨山　英語は小学校から十数年やっていますからね。

中西　でも、大学の人と話をすると、最近は高校から入ってくる人のレベルがそうなっていない、という。それはまじめに入試をやっていないからじゃないですか、と返すんですけど。

冨山　数学も英語もそうなんですが、ものを考えたり、ものを分析したりするときの、ある種の言語能力ですよね。その基礎的な言語能力というのは、別にどこに行こうが共通マターです。だから、高等教育までで、ちゃんとやっておくべきことは、そっちだと思うんです。いわゆるウンチク学問っぽい教養は、その後でいいんじゃないか、と私は思っていまして。シェイクスピアがこう言ったとか、それもいいんだけど、英語もちゃんとできないのにシェイクスピアを語っている場合か、と思うわけです。

ところが、日本の大学というのは、そういうウンチク教養学校になってしまっている。特に文系学科は。それが生きる力だ、なんていう評論家もいるんですが、言語能力がないんですから、生きる力はない。

実際、グローバルな世界であろうと、もっとローカルであろうと、それぞれの分野の基礎的な言語能力というのは、やっぱりある。先ほどふれたように当社にはグループにバス会社もあるんですが、地域の観光業をやるにしても、いろんな分野での基礎的な言語能力がいるんです。

そこをとにかく学校では確実にちゃんと教わっていて、ちゃんとクリアしている状況で大学が世に出してあげないと、中途半端なウンチク学問は語れるけど、一番基礎的なことが抜けているという子が増えてしまう。

それが今、教育に私が感じている矛盾なんです。

中西　その意味でいうと、ゆとり教育とか、それがとても歪んだ形で卒業生たちの水準の全体レベルを下げている面がありますよね。そのことに対する危機感は、かなり強烈にあります。

冨山　日本のほうが、そういう基礎能力について、欧米よりも低くなってしまいましたから。

中西　アメリカも地域によって違うんですが、小学校からの数学教育というのは、かなりやっているんです。小学校で算数の基本ができていないと許されない、とか。

冨山　日本では、大学で因数分解を補習でやっているそうですから。これは問題です。おそらくあるのは、高校教育が危機なんじゃないかと思うんです。初等教育、中等教育は、良くも悪くも役所は頑張るんです。

高校って、さっきも言われたように大学入試で担保されていたんですね。今、入試がどんどんなくなっているので、高校3年間、何もしなくても大学生になれちゃうようなことが起きている。

昔は高校3年のときに学力がピークになるという説がありました。入試のおかげで。そのあと4年間の大学でバカになって社会人になる、なんて言われましたが、今は中学3年で学力ピーク説というのがある。いろんな意味で人間が成熟して、いろんなものを学ばなきゃいけない高校3年間、大学4年間の7年間が空白になってしまうのでは、中西さんが言われたように、そのあとはきついですね。

中西　きついですよ。そこからもう1回、再教育って、本人も相当、辛い。

冨山　年を取ると教育効果が下がりますからね。本人も困るでしょうけど、産業界はもちろん、社会全体が困る。

中西　会社はできないやつは採らないだけだから、いいんだけど。

冨山　いや、海外で採ればいいだけですしね。

中西　だから、基礎をちゃんとしてくれ、と大学には言っているんです。

アメリカではクロスオーバーが増えている

中西　そもそも私は、まず理系・文系という境をやめようと言っています。法律や経済でも、最低限の数学はできないと。

冨山　いちおう私、法律家なんですが、法律って実は数学的なんです。ある要件事実をあてはめたら、一つの結論に行く。これは完全にＡＩの世界なんです。だから、裁判官が真っ先にいらなくなるという説もあります。要するにＡＩなことをやっているわけですから。
経済学はもう理数系の学問ですよね。経営学も、簿記会計とかファイナンスとか、基礎言語は数字です。だから、ＩＴも含めて、実はどの分野に行くにしても、統計学も含めた最低限のいくつかの言語能力って、やや理数系的ですよね。
そこはちゃんとマスターしておいてくれないとあとで困る。すごく頭がいいのに、その言語がないために行き詰まってしまうようなことになりかねない。
中西　20、30年前にアメリカの初等教育で悩んだことを、今の日本の大学教育で悩んでいるんじゃないのかな。
冨山　かもしれないですね、たしかに。
中西　それは、いい算数の先生がいない、ということです。やっぱり社会が、「あ、これ教えなくていいや」と思った瞬間から、先生もトレーニングされなくなる。そうすると、改めてやるべきだと言われたって、さてどうやって教えたらいいんだ、ということになる。
自分で一所懸命、勉強したことのない人が教えられないよね。

冨山　私がビジネススクールに行っていたのは、30年前です。スタンフォードはわりに理系的、ハイテクの学校だったこともありますが、ファイナンスとか統計学とかコンピュータとか、理数系科目が多かった。
中西　マネジメントサイエンスはみんなそうでしょう。
冨山　いっぱい数学が出てくるんですよ。あと、ちょっとした微分なんかも出てくる。財務理論なんて、ちょっとした高等数学を使っています。ただ、私は文系でしたけど、数学はできたんです。東大の文系は数学ができると、かなり楽に入れますから。
アメリカ人には驚かれました。どうして法学部なのに数学ができるんだ、と。当時のアメリカの学生は、算数できなかったですから。
中西　それが変わったんです。大学のコースの取り方自体も、推奨もずいぶん変わっていて、先にエンジニアリングを出てからMBAを取るとか、クロスオーバーの人が多くなってきて、それがまた就職上、有利になる。
アメリカの場合はもろに初任給に効きますからね。どこそこの大学のどのマスターを持っている、となったら、それだけで年収ベースで2、3割は違いますから。
だから、大学院などのグラデュエート・スクールって、結婚してから入る人も多くて、妻にお尻を叩かれて、マスター取ろうとしてる、なんて男性もいますよね。

冨山　逆もありますね。夫が働いて、妻がマスターを目指す。博士号を持っている上に、ＭＢＡを目指したり。

中西　門戸が開かれているので、何度学んでも、また行ける。そのほうがグラデュエート・スクールもウエルカムです。学費が高くても、入ってきますからね。

冨山　そして、出ればまた稼げる。

中西　投資と回収のサイクルがあるんですね。

冨山　そして大金持ちになったら、莫大な寄付をしてくれる。それが、スタンフォード大学なんかでノーベル賞が出てくる本当の理由です。やっぱり基礎研究資金が潤沢。それは、卒業生のコミュニティから入ってくるからです。私立なので、運営交付金はもらっていませんので。

中西　学費は高いけどね。

冨山　高いんですが、所得の低い人はほとんど奨学金で行けるんです。普通に行っちゃうと高いんですけど。

でも、経済的にちゃんと投資と回収が成り立つから維持されている。奨学基金にも大学発ベンチャーで大成功した卒業生などから莫大な金が入っているのです。産学連携と基礎研究力は二律背反ではない。むしろ相互依存的なエコシステムをこの30年くらいで作り上げたわけです。

中西　アメリカ流が全面的にいいわけではないけれど、今の日本のボトルネックはかなり明確に見えているんですよね。

それに対して、大学側がどう答えるのかというと、いやいや一斉採用で期限決めてください、と。それはどうなんでしょう。今後、協議会を組織して議論しますけどね。

海外の人材と伍して戦っていくには何が必要か？

人材の流動化も、出戻りも歓迎する

冨山　そんな日本でも、ポテンシャルの高い人材はいますね。

中西　いい人はいますよ、たくさん。だから決して、日本の若者がすべてダメだ、なんて言うつもりはまったくありません。意欲ある人、自分でキャリアを追求して、「こういうことでやっていきたい」と思っている人はけっこういます。むしろ、そういう人のレベルは、昔よりも上がっているかもしれない。

冨山　ある意味、格差が広がってしまっている。

中西　昔流の考え方で、とにかく大企業に潜り込みたい、という発想の人は、まだ相当数はいるんでしょうけど、採りたい大企業は少ないですよね、やっぱり。

冨山　お荷物になっちゃいますからね。すがりつかれても困る。逆に今は、東大でも、スタートアップにチャレンジする学生が増えています。特に優秀な学生ほど、そういう傾向は強くなっています。

東大発ベンチャーの時価総額は2兆円に近づいていますが、近年ますますグローバル市場をめざし、世界中から色々な国籍のメンバーが参画するタイプのベンチャー企業が生まれています。

最近はそういうベンチャー企業が集積する本郷界隈を「本郷バレー」と呼ぶそうです。あの辺はバレーと言うよりヒルなのですが（笑）。


中西　そういう学生には、今の大企業をちゃんと知ってほしい、変わっている会社もあるのだということを知ってほしいんですよね。会社に対するロイヤリティは、昔のようには高くは求めていないんですよ。そこが大前提だとは思っていない。

やっぱり社会的な貢献のようなことに意義を認めて、「日立がそういうことを言っているんだったら、自分も働きたいな」という考え方がいい。

そうすると、若い人は思った以上の働きをする可能性が、むしろかなり高いと思っています。

冨山　そのあたりは、若い人は捨てたもんじゃないですよね。豊かな世代なのに、自己実現ということに対する欲求は強い。お腹が空いた経験はないですから、そういうところにはあまり反応しない。それは先進国共通じゃないでしょうか。

中西　そうだと思います。シリコンバレーでもそうですから。

冨山　東大、京大の就職人気ランキングの話をしましたけど、あれは正直、かなりの部分はモラトリアムだと私は思っているんです。とりあえず自分が世の中で何をなしたいのか、中西さんが言われた共感できる具体的テーマがないときに、変な話、コンサルティング業界とか、ものすごい事業領域の広い商社とか、ちょうどいいんですよ。はっきりしないから。大学で学んでいない自覚があるので、そこでしばらくいろんなことを勉強して、それからどうしようか、ということなんじゃないでしょうか。だけど、ネガティブなモラトリアムじゃない。むしろ自分が本当に世の中にいつかちゃんと役に立ちたい、自己実現したい、という欲求として、ですね。

実際、コンサルティングの業界だって、全然楽じゃないですから。すごくタフです。アップ・オア・アウトの世界ですから。

ただ、コンサルティング業界の若い人たちを見ていると、青い鳥症候群の子もいる。それでは、やっぱりダメなんですよ。「なんとなくやっていれば、そのうち見つかるだろう」

みたいな感じで思っている子は、やっぱりうまくいかない。うまくいく子は、どんなテーマだろうが、一見すごくつまらないプロジェクトだろうが、その状況下で必死になって、とにかく自分なりになにがしかを残そうとする。そんなふうにやっていこうとする子が結局、伸びますね。

そのうち頑張るけど、今は適当に流していく、という子は、やっぱりコンサルティングの業界ではダメですね。特にうちのような再生案件を扱い、場合によっては買収して現実経営にまで突っ込んでいく真剣勝負型の会社ではすぐに行き詰まる。

中西　それは私どもの評価も一致しているかもしれない。だからトップランクで評価されている人たちは、やっぱり長くいます。評価しているというメッセージも伝えるし、「自分は評価されている」と思って頑張っている。人事制度を変えましたから、処遇も良くなる。逆に評価されていない人たちは、会社を去っていくケースが多い。相当できるはずなのに、一敗地に塗《まみ》れた、という感覚を持つのか。でも、それはしょうがないことですね。

冨山　違う会社で環境を変えてうまくいくかもしれない。実際、モラトリアムのコンサルティング会社から大企業やベンチャーに行ったり、ベンチャーから大企業に行ったり、と流動化は普通になりました。これはとてもいいことだと思います。絶対いいことです。

中西　流動化は加速していくでしょうね。だから、先にも言いましたけど、出戻りもウエルカムなんですよ。

冨山　22、23歳で、そんなに世間のこともわからずにポッと入った会社がベストフィットする、なんて確率は、あまり高くないと思います。ですから、その中でいろいろ考えて、「あ、でもやっぱり日立、いい会社だよね」と戻ってくる人がいてもいい。それは、うちも同じですね。出入り自由にしないと。

中西　もうそうなっているんですけど、我々はそう思っても、現場がそう思わない、というのが往々にしてある。これが難しい。「そんな忠誠心のないヤツは！」なんていうのが、ときどきいるので。

冨山　忠誠心で頑張ってくれる独特の空気の中で、実はマネジャーの側は楽していたんだと思うんですよ。それも変わったということですよね。

常に高い視点を持つ人材をどう育てるか

冨山　海外のみならず、日本でも40代、さらには30代の若い経営者も出てきていますが、これについてはどうお考えですか。

中西　そういうふうになるにはどうしたらいいかな、という課題ですよね。若くて、わりあい視点が高くて、単に自分のキャリアメイクだけじゃなくて、この組織、あるいはこの市場をどうしようかと考える。そういうことができる人材に育ってほしい。

もちろんポジションにもよりますが、常に高い視点を持って取り組めるか、です。その意味では、海外で採用した人材には、かなりそういうタイプが出てきていて、40代の初めの頃にはもう社長みたいな顔をしています。実際、子会社などで社長ができますね。

冨山　わかります。

中西　だから、役員の選定で40代を選ぼうとすると、海外の人材が増えてきてしまう。

冨山　オムロンのサクセッションプランは、今の山田義仁社長の代になってさらに進化しています。２０１１年に代替わりした直後から、社長直轄人事で数十人の候補人材をプールして、入れ替え戦をやりながら10年くらいのタイムスケジュールでだんだん絞っていくプロセスに入っています。そこにも相当数の外国人が入っているはずです。

並行して企業理念のグローバルスケールでの見直しを現会長の立石文雄さんが中心になって行い、それをサクセッションプランを含むガバナンスの規範的な柱に据えています。立石会長は創業者立石一真さんの息子さんですが、創業者の時代から世代が遠ざかり、企業がグローバル化するにつれて、求心力の源泉を創業者や創業家から企業理念そのものに移行させせなければならないという強い信念を持っておられる。

私は社外取締役を引いた今も年に一回、候補生にレクチャーをする仕事をしているんですが、ちょっとケーススタディっぽいことをやるんです。そこにはビジネス的な話だけでなく、企業理念と現実のギャップに関わる「エシカル（倫理的）ジレンマ」みたいな状況も盛り込みます。そうすると、面白いことがわかる。

日本人は、今いる立場でものを言ってしまうところがあるんです。

中西　そう、そこなんですよ。

冨山　アメリカ、ヨーロッパ、中国の人材は、みんな気分は社長になっているんです。ケーススタディですから、「みなさん、これはトップリーダーの研修です。トップリーダー目線で今日は議論しましょう」と言うんですが、なかなか日本人はそこに行けない。ましてや理念や価値観の問題なんて恐れ多くて突っ込んでいけない。まあ、私も根は日本人なので、謙虚な感じには好感を持てますが、トップリーダーとしてはそれでは困る。

中西　これも先ほどの一括採用と同じ仕組みで、ある組織を、いかにその組織に最適な解で動かすか、という徒弟制度の中で育っているし、トレーニングのシステムもそうなっているので、その枠を超えた発想になかなかなれないんです。こういう人たちにいくらそういうことを説いてもダメかなと、ときどき思うことがありますよね。

ただ、日本人の中にも、抜ける人材がいるんです。いきなり全体感があって、その中で市場をどう考えていて、自分たちはどれだけ戦えるか、ということが語れる。

事業戦略の多様性というのは、これでもう決まってしまうんです。ポートフォリオなんて、まさにそう。それを判断するのが経営者のとても重要な役割なんです。

逆にいうと、「今これを一所懸命やっています」ということしか言わない人というのは、ダメなんですよ。エグゼキューション、実行はできる。オペレーションはできるけれども、マネジメントはできない。

その視点というのは違うんだ、ということを、どうやって伝えるか、というのはすごく苦労します。

冨山　早くから伝えていかないと、今の感覚にはまっていってしまいますね。

中西　そうなんです。

世界のエリートは、経営者マインドを持っている

冨山　先ほどの会社に限らず、次世代経営者候補の研修の講師をよく頼まれるのですが、そういう研修の現場でも、ときどきシニカルな人がいます。「自分はしょせんまだ執行役です」なんて話になる。それこそ40歳前後まで下げると、課長みたいな人もいるわけです。「部課長の立場で冨山さんみたいなことを言われてもね。自分はそういう仕事をしてないんですから」みたいなことを平気で言う人もいますね。しかも、終わった後の懇親会の場とかで。

中西　そういう人が多数派じゃない？

冨山　そうかもしれないです。本音では、おそらく多数派です。でも、いちおう想定はここにいるプールの中から10年以内に全体のトップを出す前提でやっているわけです。そんなのに対応していたら間に合わない。どうして説教をかまさないといけないのか。でも、うざがられるのを覚悟で説教屋さんをやるんです。ちょっと比喩を入れて。みなさん、将棋でたとえると、まだいいところ桂馬くらいです。香車を目指すとか、よくて金く

らいな感じでしょ。

でも社長は玉なんだけど、結局、本当に将棋を指しているのは、棋士なんですよね。そのズレというのは社長も同じで、盤上で社長は玉なんですけど、実は本当の社長は将棋を指している自分なんです。

例えば、経営が本当に危なくなったら、玉を捨て駒にする、という選択肢も出てくる。会社を救うために。これができるか、だと。

「棋士の立場なんだから、その観点でいったら、今、香車だろうが、桂馬だろうが、みなさんは棋士の気分で行ってください。そうすると、今まで経営トップが何か変なことを言っているな、と感じた話が変でなく感じ始めますから」と。

中西　こういうことを言うんですよ。そこでピンと来る人と、ピンと来ない人がいるんですけど。

冨山　いや、だけど、そういう視点があるかないかって、5分くらい話したらわかりますよね。

中西　そうですね。これは決定的ですね。

冨山　そう。「あ、これはダメか」と思います。

中西　でも、早くから持っている人は、持って生まれたのか、といえば、そうではない。

冨山　そこが難しいところです。経験も、かなりあると思います。やはり自分で何かに挑戦して成功した体験が小さくてもいいからある、というのは大きい。そういうときに、ポッと視点が高められるというケースがあります。

逆にカチッと固まった仕事の中で、一所懸命やってきました、というだけの人では持ちにくいでしょうね。だから、会社の中で大事なことは、日立の場合だといろんな仕事がありますから、職場を移す、というのがものすごく大事だと思うんです。

20年間この道一筋でずっとやってきました、というのは、どんなに頭が良くて優秀でも、視点を高めようがない。

冨山　やっぱりアサインメントですね。

中西　そして、違ったポジションになってきたときに、どれだけ自分でネットワークを拡げられたか、でまた決まってくると私は思っているんです。まったく違う観点の話を、どれだけ聞いてきたか。そこでたぶん差が出る。

生まれつき、リーダーに向いていない人もいますけど、やっぱり後からそういう機会を自分で作れるか。また、与えられた機会をうまく活かせるか、という両方だと思います。

冨山　それが外国人には割とある、と。

中西　だからその意味で、流動性というのは、ひとつ本質的なものがあるような気がします。一括採用とか、日本型の〝就職〟ではなく〝就社〟、終身雇用、みたいな前提だと、流動性が低く、経験も広がらないから、そういうリーダーは育ちにくいですよね。それこそ一所懸命、仕事をやってきた人に、「その仕事、もう寿命でダメだからやめましょう」という判断はできない。視点が高くならないからです。

冨山　残念ながら日本以外、これはアジアも含めて、どちらかというと世界のエリートたちの平均的な感覚というのは、自分の人生のオーナーは自分だ、という考え方ですよね。だから、気分は常に社長さんです。「冨山和彦カンパニーというのはオレのものであって、そんなもの、どうして会社に捧げないといけないんだ」みたいなのがベースなんです。常に経営者マインドを持っている。なかでもデジタルトランスフォーメーションをリードするような企業を創業する連中なんてそれが極端な連中ばかりです。

中西　そうですね。

冨山　だから、デジタル革命の時代に世界で戦うということは、そういう感覚の人たちと戦っていかないといけない、ということを認識しないといけない。あるいは、そういう人たちと仕事をしていかなきゃいけない。だから、そういうマインドがないと、いきなりまず気後れしますよね。敵は社長さん気分、本質的に王様気分でやっているわけですから。そうすると、下に入ってしまうことになる。王様の人と、根が香車くらいの人が対峙すると、当たり前のように撃破されて向こう側の香車になってしまう。

だから、中西さんが言われたように、こういう人たちの下で働く、さらには、こういう人たちを使う、という経験をしないと、これは厳しいですよ。「なんでお前の下で働かないといけないんだ」と言われかねない。いつでも出て行かれてしまう。

中西　それが現実だし、そういう時代になっている、ということですよね。

外国人のマネジメントはいかに行うか？

「背中を見ていろ」は外国人には通用しない

冨山　外国人のマネジメントについては、どうお考えですか。

中西　マネジメントというか、どれだけコミュニケーションがとれるか、だけでしょう。彼らが言っていることを、こちらがどれだけ理解できるかということと、こちらの思っていることをどれだけ伝えられるか、というコミュニケーションに尽きると思うんです。それは日本人でも同じなんですけど、日本人はそれを意識しなくてもできてしまう世界がある。あうんの呼吸で、言わなくてもわかっていたりする。ジェスチャーも共通のものが多い。

だから、コミュニケーションをトレーニングされていないことに気づく必要があります。

外国人の場合は、最初に言語でのコミュニケーションでまず日本人は引っかかりますから。だから、そこで努力しないといけない。

冨山　お互いを理解することに時間がかかるわけですね。

中西　そうなんです。

冨山　よく私が言うのは、エレベーターでの対応なんです。エレベーターで扉が開いて、人が入ってくる。このとき、外国人はニコッと笑いますよね。ある文化人類学者から、それは、味方だよ、というメッセージなんだという話を聞いたことがあります。

本質的にみんな敵、というのが外国。だから、「Hello!」とか「How are you?」とか言わないと、「こいつは強盗なんじゃないか」と思われても仕方がない。

日本人の場合、エレベーターにも黙ってしれっと入ってきますよね。それは、黙っていても安心感ができているわけです。

やっぱりこの前提が違います。だから、中西さんが言われた通りで、結局、相手が何を思い、何を考え、どういう価値観、世界観でここで仕事をしているのか、ということは、そもそも違う、確認しないといけない、というところからスタートしないといけない。

ということは、すごくコミュニケーションをとらないといけない。

中西　逆に彼らからしてみると、そういうコミュニケーションをとる意思がある、という上長はものすごく大事なんです。だから、向こうからすると、そういう上長を選びますよね。

冨山　彼らも、何を考えているか、わからないような上長の下で働くのは、気持ち悪いんですよ。「黙ってても私の背中でわかるだろう」なんていうのは、日本以外ではまったく通用しません。

中西　だから、ちょっと自慢話めいちゃって恐縮なんですが、直接の上司ではないのに、私のところによく来ていた外国人のリーダーがいたんです。「ちょっと時間くれ」と、15分、30分と話をしていって。

相談というのじゃない。まさにコミュニケーションです。「こいつはまだオレのことを信用している」という確認をとって、帰っていたんだと思います（笑）。

冨山　ちゃんと気にしているよ、目をかけているよ、というメッセージをちゃんと発信しておかないといけないですよね。でも、それはそういう文化ですから。

中西　そうです。だから、彼らからすると、そういうふうにしていないほうがおかしい、という感覚ですよ。ところが、日本の職場は、そういうことをやっている偉い人というのは、案外少ないんです。

だから、これがグローバル化するときの最大のボトルネックじゃないかと思うこともあります。

冨山　これから外国人がたくさん入ってきても、同じですよね。みんなそれぞれの文化を引きずって入って来るから。だから「私の背中を見て。日本なんだから」と言っても、彼らはおそらく困ってしまいます。

中西　それでは、外国人は使えないですね。

冨山　よくわからないままに、すぐパワハラを起こしてしまったりする。億劫《おっくう》がったらいけない、ということですね。

国籍、文化、人種を問わずベストな人をトップに

冨山　そもそも独立した個が先にありきなのか、集団があって集団に従属する個から始まるか、という違いですよね。良くも悪くも日本は伝統的に稲作農耕型の集団的社会ですから。世界全体の分布でいったら、それはかなり後者の端っこです。

ということは、世界のほとんどの人たちは独立した個が先にある、と考えておいたほうが

いい。欧米社会も個がかなり先にありきです。おそらく中国もかなり個が強い。

中西　強いです。信用するのは家族だけ、という人もいる。

冨山　だから、外国ではほとんどが独立した個が先に来る、というつもりで経営をしないといけない。

中西　集団に従属する個、というのが好きな国もないわけじゃないけど、大多数は独立した個が先ですね。

冨山　そっちがスタンダードです。

中西　宗教も含めて、グローバルにいろんな仕事をしようと思うと、その多様さに直面することになる。逆に、その多様さを楽しめるようなフレキシビリティがあるかないか、は問われますね。

冨山　そこでストレスを感じて、とにかく情緒的になってしまったりすると、ちょっと厳しいですね、こういう時代は。いずれにしても多様性が必要な時代。外国人のマネジメントも避けられませんので。

中西　多様性がなくてもうまくいくなら、それでいいんです。実際、かつてはそれでうまくいったわけです。でも、今はうまくいかなくなっているわけですから。やっぱり多様性というのが、イノベーションの前提です。

冨山　食べていけないないですからね、今はそれがないと。

中西　今や経団連の幹部会議でも、コンサバティブな意見を言う人はほとんどいないですから。革新的ですよ。

冨山　社会福祉やメセナの観点で、多様性やダイバーシティの議論を語っている段階じゃないですからね。

一方で、外国人マネジメントの注意点はどんなふうにお考えですか。ポジションを任せるときとか。

中西　それは準備次第でしょう。どちらかというと、「私に任せればうまくいきます」と言ってくる人はたくさんいますから、それこそよく見極めないと、ですね。

冨山　だいたい自己評価、平均で実際の1・5倍くらいはあるケースもありますよね。逆に日本人は0・5倍くらい。足して2で割るとちょうどいいですけど（笑）。

中西　だからここでも、次の世代のリーダーをどう選ぶか、という視点が重要です。どういう視野で、何を考えているか。相当いいな、と思っても、やはりこういう経験しかないとここまでかな、と思うことは外国人でもよくあります。

構想力のようなものは、やはりトレーニングされないとできないんだな、と。

冨山　資質に加えて経験ですよね。あとは、本人の意志かな。外国人を全体のトップに据える、というのはどうお考えですか。

中西　やってくれる人がいるかなぁ（笑）。そっちのほうが心配ですね。というのも、日立グループは、いっぱいいろんな事業があって、親会社の日立製作所だけの考えだとたぶんうまくいかないんですよ。

冨山　だから、「こんなゴチャゴチャした複雑な会社、やってられるか」と言われそうな気がして。一所懸命、整理はしていますけど、我々の整理と彼らの目から見た整理というのは違いますから。それは、投資家と話をしていても、よく感じます。

むしろ、外国人であるとかないとか、そういう話をしている時点でキャパシティに対するものの見方にギャップがまだあるかもしれない、とも思います。

外国人か日本人か、ということが論点になっているうちはむしろダメ、ということですね。国籍、文化、人種を問わずベストな人がトップになっていく、というのが自然になっていかないと。

だから、ニュースに大きな違和感を持つことがあります。例えば、「生え抜きじゃない人が社長になりました」とか。それがどうしてニュースになるのか、よくわからない。パナソニックの創業家から代表権が外れた、というのが朝の全国ニュースのひとつになったりします。同社の社外取締役として、日本ではどうしてこんなことが全国的なニュースになるのか、ということのほうが、私は残念な感じを覚えます。パナソニックは、ファミリービジネスではもうないのに。

創業家はとても大事です。あの大経営者、松下幸之助さんが創業しその遺訓が企業理念として生きている会社ですから。しかし、それと創業家の方が代表権を持つかどうかは全然関係ない話です。

会社法が定める株式会社の機関設計において、代表権を持つということは執行を行う者として他の取締役に監督される側に回るということですから、創業家に対する敬意とは、ある意味、矛盾するわけです。これは明治時代に会社法が出来てからずーっとそうですから、それがニュースになるということは、この国には代表権の本来の意味合いがマスコミを含めて分かっていない人が多いということです。

中西　そうですね。

冨山　むしろヨーロッパなどでは、オーナー一族が株主としてガバナンスを利かせる側に回って、単なる財務的な視点だけでなく、創業の理念やビジョンを背景に長年にわたり優秀な経営者を選ぶことで持続的な成長を実現しているグローバル企業がたくさんあります。いわば立憲君主制のガバナンスモデルです。

株式会社の本旨は「所有と経営の分離」。これすなわち広く世の中から、世界から最良の経営者を選んで経営を任せるということです。あの渋沢栄一さんが明治6年に日本で最初の株式会社、第一国立銀行を設立してから約150年。私たちは、そろそろ株式会社の本来的な機能をフルに生かせる使い方をできるようにならないとまずいと思います。

外国人だから、と考えてしまうことは危険

中西　外国人経営者ということでいうと、従業員から見ると「この人は日本語がわからないから」というところが、重荷になる、というのはあると思いますね。

冨山　たしかに、そうですね。

中西　実際、日本企業の外国人社長には必ず通訳がついている。私は英語でしゃべるからいらないんですけど、必ず訳せ、と通訳は言われていました。

冨山　外国人経営者というと、大きな不祥事のニュースが流れました。

中西　間違えてはいけないのは、外国人だから、と考えることです。ある意味、キャリアを極めた、本当のグローバルな人だったわけですし。

冨山　マルチナショナルですよね。ここで、ある種、グローバル対ガラパゴスみたいな議論になっていってしまうのは、危険だなと私も思っています。

例えば、アメリカの上場企業の経営者が3ケタ億円のお金をもらう、というのは高すぎると私も思います。あの自動車メーカーのケースも、多くの人たちが絶望的だと思っていた中で再建に成功した当初はともかく、途中からはやり過ぎかなという印象はあります。でも、例えばサッカーのワールドカップに出て、勝ち続けてください、というミッションを与えられたとき、その戦いを年俸2500万円以下の監督と選手だけでやれ、と言われても、おそらくアジア予選も勝ち抜けない。

これが例えば、国の資産を使って投資する、なんてことになると、国民の資産が毀損するわけです。なのに、ガラパゴスな国民感情の論理でいってしまうと、「いや、それは2500万円の選手だけでやっていただければ」なんてことになる。

実際、ワールドカップに行っているサッカー選手は、年俸1億円以上ですよね。このズレが問題。でもそのズレは、私はマスコミが作っていると思っているんです。すごくそういう感じがする。そして最後の被害者は国民や国民経済ということになってしまう。

中西　それから、やっぱり今、公務員が低すぎるんですよ。昔はそれでも上がった後に仕事があったりしたじゃないですか。ところが今は違って、次官に上がっても次の就職先はない、なんて時代になった。そんな時代になったら、これはまずい。

冨山　幹部公務員って、ある意味ナショナルチームを率いる立場ですから。どこと戦うかって、やっぱりグローバルなステージで頑張らなきゃいけない。そうすると、本当に優秀な人材が必要になるんですが、この仕組みだと、心意気だけで頑張れ、ということですよね。この議論は最後、精神論に行くのが美しい、みたいな空気がやっぱり日本のマスコミにはあって、「欲しがりません、勝つまでは」的な話になってしまうんですよ。じゃあ、それで勝てるのか。国家レベルのゲームはそれこそ半永久的に何十年、何百年と続くわけですから、じわじわと進む人材の劣化のツケを必ず払う羽目になります。人間性の現実的な本質を無視した精神主義に突っ走ったとき、最後に待っているのは、いつの時代も悲惨な敗戦です。

米国なんかは公務員やっている間は給料安いですが、幹部職員はリボルビングドアで政権が代わると民間に出て、そこでがっちり稼いでいるから帳尻が合う。トータルに合理的で持続可能な仕組みになっている、それなりに。

これは経営者の給与の問題も実は同じところがあるんですが、やっぱり日本の本音と建前というのをもっと寄せないといけない。「100億円もらっている人はけしからん」という議論と「だから2500万円で頑張れ」は論理的にかなり飛躍があって、そこはやっぱり、どこかでバランスを取らないと。

中西　2500万円でも高い、とマスコミは言い出すかもしれない。

冨山　ありえますね。大谷翔平が10億円取ることにはみんな違和感を感じない。本田圭佑が何億円取る、という話も違和感を感じない。なのに、ということですよね。

やっぱり彼らがホームラン打ったり、ゴールすればうれしい。それで国民が元気をもらえる。だから、大きな報酬を得る。同じことですよね。このギャップを埋めていかないと、私は間違っていってしまうような気がしています。

あともうひとつは、社長でもCEOでも事務次官でも、あれ自体が報酬だと思っている人が、日本人にはいるんです。

中西　ポジションそのものが。

冨山　はい。偉くなることが、です。どうもその感じが強い。偉くなった上にカネもらうなんてこと言うな、みたいな。でも今、決して会社の偉い人たちは楽じゃないですからね。ものすごく大変ですから。

厳しい知的格闘技を面白がって楽しめるか

中西　だから、経営という仕事を面白いと思わない人はやらないほうがいいですね（笑）。
冨山　仕事が趣味じゃないとダメですよね、社長は。
中西　と、思いますよ。時間とか、出張する頻度とか、そんなことじゃない。やっぱり自分がステアリングした結果というのが、明快に出てくることを面白いと思う人でないと、経営者にはならないほうがいいと思います。
そこを面白いと思うと、次々と自分の事業意欲で、ここまでやったらどうなるかな、見てみたいな、ということになっていく。
冨山　そういうところは、大いにありますよね。
中西　それをやろうと思うと条件は、やっぱりリソースがいるな、お金もいるし、人もいるな、と次々組み立てていく。言ってみれば、すごいビルを建てるのと同じような感覚。それを面白いと思う人がやればいい。

冨山　そこには苦しさもあって。

中西　「これをやると、ひょっとしたら、とんでもないことになるな」ということを決断しないといけない、というのは苦しいですよね。でも、だからこそ面白いんじゃないでしょうか。

冨山　楽に金メダルは獲れないですよね。ときどきテレビでメダリストの特集が放送されたりしますけど、「どうしてこんなにもこの人は頑張れるんだろう」と思います。異常ですよね。メダルを獲るレベルの選手の頑張り方は。

でも、たぶん三度の飯よりも好きなんだと思うんですよ。だから、あれだけストイックに辛いことでも頑張れる。

経営者という仕事も、今はその領域に入ってきているんだと思うんです。

中西　特にビジネスということになると、必ず相手がいますよね。その相手との勝負でしょう。だから、そこを面白いと思わないといけない。人間に興味のある人でないと、やらないほうがいいと思います。

やっぱりいろんな人に聞いたり話したりして、「あ、なるほど、なるほど」というのが面白いわけです。「こいつには負けないぞ」と考えるようになったりするのが面白い。もっといえば、だいたい思うようにいきませんから、思うようにいかないことも面白がらないと。

冨山　そうですよね。うまくいくこと、うまくいかないこと、両方とも楽しめないと。

中西　そう。思った通りに何でも行っていたら、別に誰がやってもいいわけだから。

冨山　逆にいうと、退屈しますよね。でも、現実は絶対に思う通りにはならないので（笑）。しかも、経営者という競技のレベルは上がっている。だから、ハードさも増しています。でも、競技レベルが上がるほど、競技としてはやりがいのある競技になるわけです。昔は、ひょっとしたら閉じた国内の、閉じた世界の出世争いだった話が、今はそんなものではなくて、トップになってから本当の戦いが始まるわけです。それも世界中の会社、欧米の会社、新興国の会社も、急にポッと出てきたベンチャーも、もういきなり対等の戦いになっちゃう時代ですから。だから、ホント、総合格闘技です。

中西　知的格闘技ですね。格闘技、いいですね。だから、勝ったときに面白い。負けることもありますけどね。

冨山　優勝者は一人ですから。毎回毎回。でも、テニスでもフェデラーだって負ける。とんでもないレベルの争いですから、決勝戦では。それはそういうものなので、そこにやりがいとか生きがいとか、ワクワクを見出せない人にとっては辛いでしょうね。

中西　そういうことを、嫌だな、と思うなら、やめたほうがいい。

冨山　そうですね。そういう人は、社長になったら何もしない人になってしまいます。負けない一番の方法は、一切試合に出ないことですから。だから、引き分け、引き分け、先送り、先送り、というのが、私の見た中では一番ダメになる典型的なタイプでしたから。

中西　経営という厳しい知的格闘技を面白がって楽しめるか。やりがいや生きがいを見出せるか。これこそが社長としては、まさに一番大事な資質ですね。

社長交代・わが社の場合

新しいカルチャーを
作り上げるための

徹底したガバナンス改革

みずほフィナンシャルグループ　取締役会長
佐藤康博

１９５２年生まれ。東京大学経済学部卒業後、日本興業銀行（現みずほ銀行）へ入行。みずほコーポレート銀行（同）頭取、みずほ銀行頭取などを経て、２０１４年６月からみずほフィナンシャルグループ取締役兼執行役社長（グループＣＥＯ）。２０１８年４月より取締役会長。

「やり過ぎではないか」とまで言われたガバナンス改革

指名委員会等設置会社という形を作ったのは、２０１４年６月のことです。メガバンクとしては初めての取り組みでした。日本全体でも指名委員会等設置会社は五十数社しかない頃でしたが、私たちは取締役会の議長も社外取締役にお任せしたということもあって、大きな話題になりました。

同時に、法定委員会であるところの指名委員会、それから報酬委員会も全員、社外に任せました。これは日本でも初めてではないか、もちろん金融機関としては初めてだということで、周囲には本当に驚かれました。

どうしてここまでのガバナンス体制に踏み込んだのかというと、みずほが三行の統合銀行だったからです。他のメガバンクとは異なり、みずほは三行統合という形式を取って誕生しました。結果的に２００２年４月以降、三行のバランスが大きな課題になり、それが不祥事を引き起こす原因にもなりました。

私はグループＣＥＯとして、「抜本的な改革をしなければいけない、そうでないとみずほの将来はない」という極めて強い思いを持っていました。そのためには、徹底的にガバナンスを強化する必要があると考え、当時は「やり過ぎではないか」とまで言われた改革を推し進めたのです。

このとき、改革の大きなポイントのひとつになったのが、指名委員会でした。統合三行は、人事面のバランスでも難しさがありました。例えば、私は三行のうちのひとつ、日本興業銀行の出身ですが、私が社長として人事を行うと、何をやっても「佐藤が決めると興銀が中心の人事になる」と言われてしまいかねなかったのです。

つまり、自分の出身行ばかりを取り立てているといったイメージが起こり得るわけです。だから、一切を第三者に任せる、という形に踏み込んだほうがいいと考えました。

私から次の新しいＣＥＯに交代したのは２０１８年４月ですが、この交代もおそらく他の会社ではまずないようなサクセッションプランニングが行われたと思っています。

次のＣＥＯを選ぶときの透明性をどう確保するか。指名委員会の中で検討を始めたのは、指名委員会設置一年目だった２０１４年からです。というのも、その時点でもし私が何らかの事故にあったり、病気で倒れたりしたとき、次に誰を選ぶのか、枠組みがなければいけなかったからです。

その時点で候補者を複数名選び、その人物についての徹底的な情報を社外取締役と共有しました。一つは、360度の社内の評価。また、社外の独立した人事コンサルティング会社に候補者の生まれたときからの情報を集めてもらい、当人との面接をしてもらいました。その情報も全て社外取締役に共有してもらいました。

さらにもうひとつ、候補者にはわからない形で社外取締役と個別のディスカッションができるよう仕組みました。例えば、「この仕事について、ちょっと聞きたい」と社外取締役から問い合わせが入る。そうすると候補者は説明に行くわけですが、社外取締役は話を聞くのではなく、人物を見るのです。あえて飲み会のようなものをセットしたこともあります。

この様に、ありとあらゆる角度から、その候補者の人となり、能力、生き様のようなものまで、何度も繰り返し、長い時間をかけて見ていきました。

一方で複数人の候補者は、ときどき入れ替わっていきます。誰が候補者としてふさわしいかについては、その都度社外取締役とCEOとしての私が社外、社内の両方の観点から見ていきました。

サクセッションのもうひとつの重要なプロセスは、トップがいつ辞めるべきか、という話です。指名委員会でこの議論ができないと、ＣＥＯがいつまでもやるようなことになってしまう。

これもまた社外取締役の方々と何度も議論しました。その間に銀行の環境もずいぶん変わって、最終的に２０１８年の４月に交代することが決まりました。

ガバナンスを使い倒すという強い覚悟がないと

２０１８年４月に交代することを決めたのは、２０１７年の秋。私は次のＣＥＯを決める権限は持っていませんでしたが、指名委員会からは誰がいいか、その理由は何か、という問いかけを受けることが何度かありました。そして最終的な候補者が絞られ、社外取締役だけによる面談が行われました。

金融の世界はどうなるのか、みずほをどうしたいのか、みずほの問題点は何か、といった同じ質問を最終候補者に対して行い、その結果について徹底的な議論が社外取締役の間で行われ、最終的に今のＣＥＯが選ばれました。私がその名前を教えてもらったのは、社外取締役の間で決定した後のことです。

指名委員会を持っている会社はたくさんありますが、これだけ長く丁寧なプロセスを経ている会社はおそらくそうはないと思います。

どうしてここまで徹底的にやったのかというと、三行統合という難しい作業に於いて新しいガバナンスと新しいカルチャーを作り上げなければならない、それが私の最も大切な使命である、と強く感じていたからです。

CEOが次のCEOの候補者を出して、社外取締役で議論して、「まぁ、CEOが言っているんだから、いいんじゃないか」ということでうまくいっている会社も多いと思います。

しかし、指名委員会を、委員長をはじめ全委員を社外取締役で構成する体制をとった以上、その体制を実質的に機能させなければならない、と強く思っていました。

ガバナンスの要諦というのは、2つだと私は思っています。一つは、指名委員会等設置会社であれ、監査等委員会設置会社であれ、どういうガバナンスの形式をとったとしても、執行側がそのガバナンスを使い倒すんだという強い覚悟がなければ機能はしない、ということです。機能させるためには、執行側がそれを使い倒すんだという強い意思がなければいけないのです。

もうひとつの重要な要件は、社外取締役選びです。会社が人事を委ねるというのは、大変なことですから、きちんとした見識と意見を持っている方でなければ、組織が崩れてしまいかねない。この2つが、強いガバナンスを作っていくための、極めて重要な要件だと考えています。

経営トップに求められる要件は、3段階

では、どうやって社長クラスの候補者を育てていくのか。そのために、特別なプログラムが社内にあります。

まず、みずほという組織のリーダーになるための基本要件が20くらい挙げられています。いろんな観点から、原則として定められたものです。ただ、これは役員クラスの要件で、最後にトップになるための要件は、もう少し絞られています。

最も大事なことは公明正大である、ということです。これもみずほの歴史に関わってきますが、出身行を大事にする、といったことがないようフェアであること。

それから、胆力。苦しいときに逃げない精神力です。さらに、構想力と言っていますが、世の中がどんどん変わっていく中で、先を見通すイマジネーションを持っているかどうか。

また、人脈構築力があるか。こうしたトップとしての大事な項目が6つくらい掲げられており、それがCEOの要件になっています。

ただ、CEOの要件では、もうひとつ大事なことがあります。それは、そのときの時代で求められるCEOは何かということです。

例えば、極端な話をしますが、攻めにはものすごく強いけれど守りには弱い人がいる。逆に、守りはとてつもなく強いけれど、攻める力が少し落ちる人がいる。単純化していくと、どちらのタイプのCEOを選ぶのがベストかという選択になるんです。

仮に、こんな時代はそうそうないかとは思いますが、銀行業界が極めていい状態で、これから向かう環境もバラ色だったとする。そのときに、守りに強い人間を選ぶのは、適切とは言えないでしょう。

逆に、未来が極めて不透明で、困難が起こることが見えている。そういうときに、いけいけどんどんの人間をトップに据えるのも適切ではない。

わかりやすく言いましたが、これからの金融、あるいはこれからのみずほが越えていかなければいけない課題、経営環境といったものも踏まえて議論していかなければいけない、ということです。

だから、要件は3段階になっています。一般的なリーダーの要件として20くらい、CEOの要件として6つくらい、そして最後は環境認識。この3段階です。これは、どこの会社でも共通して言えることではないかと思います。

金融が今後大きな構造変化にさらされていくことは確実です。その変化は破壊的ですらあると考えています。その変化を先取りして大胆な構造改革を実行し、成果を上げていかなければなりません。取り組みをひとつひとつ具体的なスケジュールに落とし込み、確実に実行していく能力が求められます。現CEOの選定にあたっては、そういう判断が行われたのだと思います。

CEO選定のプロセスの話に戻りますが、みずほの場合、CEOの候補者が誰になっているかは、本人も含めてまったくオープンになっていません。今回の新しいCEOの選任でも、2017年の秋、それこそ社外取締役による面接が行われるまで、最後に残った候補者は自分が候補者だったことを知りませんでした。

現CEOは、当時、みずほ証券の社長になって、まだ2年も経っていませんでしたから、自分がグループCEOの候補になるなどということはまったく思っていなかったのではないかと思います。

候補者が誰なのか、ディスクローズかクローズか、サクセッションプランを作るときに指名委員会の中でも議論がありました。私たちは、候補者になっていることを本人に知らしめることのメリットと、それが組織全体に与えるデメリットをあらゆる角度から吟味しました。結果的に社外取締役ともじっくり相談して、みずほはクローズでいこう、ということにしました。

ただ、これは会社によって、どちらもありうると思います。オープンにしたほうがいい会社、クローズのほうがいい会社、両方あるはずです。

指名委員会が現CEOに内定を伝えた後、私も直接、本人と話をしました。なぜ選ばれたのかということと、どんなことが期待値だということは、ずいぶん時間をかけて説明しました。現CEOには、初日から一切口を出さないから好きなようにやってほしい、と言いました。もし私にやってほしいということがあれば、それだけをやる、と。私は、最初からそう決めていました。

これも最初から決めていたことでしたが、私は代表権を付けませんでした。代表権だけは絶対に付けたくなかった。

旧行のカルチャーが色濃く残っていた時代、持ち株会社と銀行が2つあって、それぞれトップがいて、旧行でバランスが取られていました。それが原因のひとつとなって、組織がバラバラになり、大きな障害となっていると感じていました。

もしここで代表取締役会長ということになると、社長と会長という二頭体制になってしまう。苦労してガバナンス体制を整え、ワントップにした私が、代表権をつけることはあり得ませんでした。

今は、私は執行には口を出すことはしません。取締役会のメンバーですから、経営の監督としての取締役会の一員です。また、私がCEOのときは会長がいませんでしたので、財界活動や業界活動などもすべて自分がやっていましたが、CEOにできないことをスイーパーのように動く、という話を現CEOにしました。

これからの変化は、破壊的なものになっていく

先に金融の構造変化と言いましたが、実際には金融のみならず全産業が決定的に変わっていく入り口に立っているという認識を、現CEOも含めて私たちは共有しています。圧倒的なテクノロジーの進化が産業のあり方を根こそぎ変えてしまう可能性があるというこ

とです。例えば、ビッグデータをどう活用するか、という問題を一つとっても会社の将来を大きく左右することになるでしょう。テクノロジーが大きく進展する中で、我々金融機関もお取引先もこうした変化にどう対応していくのか答えを見出していかなければなりません。

我々金融機関は数多くのお取引先と取引をさせて頂いています。大きなテクノロジーの変化が経済や産業全体に何をもたらすのか、ということを知っていないと、本当の意味での相談相手にはなれません。相当なイマジネーションを働かせて、新しいテクノロジーがどういうところでどういうことをもたらすのか、しっかり鳥瞰的に見ることが出来る力が必要になります。

新しいテクノロジーが自動車業界、化学や機械といった個別の業界、あるいはサービス産業にどういう影響を与えるのか、実際にすでに何が起きているのか。こういうことを徹底的に知らないと、お取引先にとって真に役に立つ金融機関とはなれない時代が来ている、ということだと思います。

一方で、金融業についてもテクノロジーの進化は急激に進んでいます。ＡＩ、ロボティクス、ブロックチェーン等の革新的な技術が金融業を大きく変えていくと思います。

送金や口座開設、決済といった伝統的業務は、銀行でなくてもよくなるかもしれません。みずほがＬＩＮＥと提携していることから見てもお分かり頂けるかもしれませんが、もう我々だけでそうした伝統的な金融関連業務を行う時代ではないと考えています。

だから、ベンチャーやノンバンクなどと協働して行っていける部分は進めていって、守っていく分野と自ら攻めていく分野を使い分けながらやっていかないといけないと考えています。単独ですべてをやる時代はもう終わった、という認識です。

あらゆる産業で大変なスピードで破壊的な変化が進んでいく世界にあって、金融機関の役割はどう変わっていくのか、金融機関でしか提供できない付加価値とは何かを脳漿《のうしょう》を絞って考えていかなければなりません。ただ、金融仲介機能を果たす、といったレベルではおそらく持続可能性はないでしょう。

我々金融機関は社会的信用にその存立基盤があることを確《しっか》りとふまえ、あらゆる業種のあらゆる企業とオープンに協力し、テクノロジーの進展に伴う新しい仕組みを、単なる破壊ではなく、創造的破壊にしていくことができると思っています。金融機関のもつ信用力によって、そうした動きを正しい方向へと後押ししていくことができる。これが、新しい金融の姿になると思います。

お取引先との関係も、今までのような貸し借りの関係だけではなくなっていくと考えています。お互いの強みを持ち寄ることで共に新しいバリューを作り出す、これまで以上のビジネスパートナーになっていく必要があります。

例えば、お取引先の顧客データと我々の顧客データを組み合わせれば、新しいバリューが生まれます。新しい商品も生まれる。そして、こういうものを創造的に作っていく必要があると考えています。

みずほは、新事業創出を目的とする合弁会社「Ｂｌｕｅ Ｌａｂ」を立ち上げましたが、私たちはマジョリティは取っていません。15％未満です。それは、我々とお取引先が共に新しいビジネスを立ち上げていくという、オープンイノベーションという考え方を徹底していこうとしているからです。

人間力を鍛える研修と、負荷の高い仕事への配属

こうした新しい時代が来ているだけに、人材育成はこれまで以上に重要になります。次世代の経営者を作っていくため、新しいリーダーシッププログラムをスタートさせました。

従来、日本の銀行では、だいたい40歳くらいまで、みんな同じように育てられます。給料もあまり変わらない。本当は評価は違うのですが、本人にはほとんどわからない。もちろん、実際には節目節目で昇進昇格のステップがあって、ある程度は絞り込まれている訳ですが。

それで、一定の年次になったら突然、ふるい落とされる。今までトップを走っていると思っていたら、実は真ん中以下だった、なんてことがいきなりわかったりするわけです。そして、残ってきた人間の中から、トップに相応《ふさわ》しい人材を登用する。過去は、こういうCEOのつくり方が行われてきたのです。これではもうとても変化に対応できない。きちんとリーダーを育てていかないといけないと考えるようになりました

日本の社会では馴染みにくいのですが、一種のエリート教育的なリーダー育成システムが必要になってきているのです。各分野における候補者を、次長か副部長クラスから選抜して、その人たちに特別なリーダーシッププログラムを受けてもらい、厳しく育てていく。それができる仕組みを作りました。

若い時期から、リーダーとしての能力に焦点を当て、複数の人物を、将来、真の経営者に育てるコースを作る。こういう人材発掘・育成のプロセスを企業に持っていないと、特

に金融の場合では、もう難しいと考えました。

研修は、当たり前に必要になる金融や戦略の知識のみならず、例えばリベラルアーツであったり、あるいは国際感覚であったり、多面的な能力を鍛えるプログラムなど多岐にわたります。

中には面白いプログラムもあります。トップビジネススクールのＩＮＳＥＡＤ《インシアード》と組んで提供している6カ月から8カ月ほどの特別プログラムでは、シンガポールまで行って一週間、カンヅメになるんですが、そこで自分は何者かを改めて考えてもらうんです。その方法のひとつとして、自分が死ぬときのことを考え、自己を客観視し、真に自分が求めていることを見つめ直すというプログラムもあります。これには衝撃を受けるようです。自分というものが何者なのか、徹底的に自己と向き合う過程で、大の大人が泣き出したりすることもあるといいます。

プログラムを通じて、胆力、インテリジェンス、人脈構築力といった力を徹底的に鍛え上げていく。ある種の人間力、といっていいと思います。こうした人間力は、おそらく欧米の優れたリーダーたちには当たり前のように備わっている能力だと思いますが、これからの日本人の経営者にも絶対に必要になる。それをもっともっと厳しく育ててあげていかなければならないと考えています。

実際、研修から戻ってきた者に話を聞くと、今まで経験したことがないようなことが学べた、といいます。自分は何者なのか、自分に何が欠けているのか、徹底的に問い詰められる経験が、とても大きな意味を持った、と。

そして育成プログラムは、これで終わりではありません。いわゆる座学の後も大事になります。プログラムで伸びてきた人間を、負荷の高いポジションに配置するのです。例えば、支店長をいきなり関係会社の社長にしてしまう。これは実際に行われています。

部下はみんな中高年。いろんな問題を抱えている。社長にいろんな相談が来る。そんな環境でどれだけの胆力を発揮して切り抜けられるか、が問われます。でも、一旦乗り越えると、一目見ただけでもわかるくらいの成長をしていきます。

こうした取り組みを一種のローテーションとして育成プログラムの中に組み込み、さっき申し上げた20ほどの要件を鍛え上げていきます。その中で、優れた人間をCEOなど次世代の経営リーダーの候補にしていく、という仕組みを3年前からスタートさせています。

プログラム参加者には、レイヤーが3つあります。最も若いのが40代前半。次が40代半ば。その次が50歳前後。3つめのレイヤーは、役員手前です。

この育成プログラムの対象者に選定されているのかどうかは、本人は研修等に参加しますからわかります。参加したことを絶対に言ってはいけない、というルールはありません。あいつが参加したなら自分だって、という人が出てくることにも期待しています。若い人たちもこの仕組みを知っていますから、頑張ってそこに行こうということで、インセンティブになっているようです。

プログラム参加者は、入れ替えがありますから、漏れた人にもチャンスがあります。レイヤーは同期だけではなく、前後7、8年で取っていますから、実際に何度もチャレンジ出来ます。これは執行ラインで決めた制度ですが、結果や経過については適宜、社外取締役に報告しています。

誰に社外取締役になってもらうか

先にガバナンスの2つの要諦を語りましたが、今のガバナンス体制を実現させる上で、本当に大きな意味を持ったのは、社外取締役を誰にやってもらうのか、ということだったと思っています。

2014年当時のみずほには様々な課題が山積していましたので、みずほの社外取締役になるというのは、火中の栗を拾うような状況だったと思います。指名委員会等設置会社に移ることは決めたけれど、誰に社外取締役になっていただけるか、ここには大きな不安がありました。

例えば、社外取締役に経営者の経験者を選ぶとき、真っ先に頭に思い浮かんだのが、日立製作所で社長、会長を務められた川村隆さんでした。

日立製作所は日本を代表する企業のひとつ。私自身日立さんを担当したこともあり、日立さんの歴史も知っていました。そんな日立さんが苦境に立たされた時、それを建て直したのが川村さんでした。彼は関係会社のトップから本社に戻って改革を断行されました。大変尊敬している経営者でした。こういう経験を持っている方に、みずほを見てもらいたい、と強く思いました。

ただ、もちろん簡単にお引き受けいただけたわけではありません。私がどんな人生観を持っているのか。価値観は何か。みずほという会社をどうしたいか。みずほの問題とは何なのか……。

ありとあらゆる質問を川村さんから投げかけられました。「分かった、引き受ける」と言ってもらえたとき、これでみずほは救われた、と感じました。そのくらい、誰に社外取締役になって頂けるか、ということは、私の中では重要なことでした。

あの時に、川村さん以外にも、取締役会議長をして頂いている大田弘子さんや法曹界の重鎮でらっしゃる甲斐中辰夫さんにも社外取締役をお引き受け頂きました。こうした素晴らしい方々にみずほの再興を目指してご指導を頂けたのは、私にとって大きな喜びでした。

インナーのような立場で、会社を見てもらえるか

現在そのお三方以外の社外取締役の方々も、本当に尊敬できる方、信頼できる方にご就任頂いています。第三者的に、厳しいことを言ってくださる方はたくさんいますが、みずほの将来を本当に心配して厳しいことを言ってくださる方々がそろっている、そこが大変重要なのではないかと思っています。

今の社外取締役の方々は、みなさんみずほの将来を真剣に考えてくださっています。ちょっと言い過ぎかもしれませんが、みずほを愛してくださっていると私は思っています。

ただ、こういった方々を見つけ、役割を受け入れて頂くのは、簡単なことではありませ

ん。それこそ至難の業です。だからこそ、こちらも決意してお願いしないといけないし、迫力を持って懐に飛び込んでいかなければなりません。

どの様な方に社外取締役をお願いするか、ということも新しいCEOが考えるべきことになります。それもその企業が置かれた状況によって可変的なものだと考えています。例えば金融では、テクノロジーをどう考えるかが、これまで以上に重要になってきています。だから、テクノロジーに強い人が必要になってくる。ただ、テクノロジーに強く、経営がわかって、しかもみずほに愛を持ってくださるということになると、これはそうそう見つけられるものではないのです。

それからもうひとつ、社外取締役に外国人を入れるべきかどうか、という事も考えなければなりません。みずほは海外の約120ヶ所の拠点を含めて全世界に約900ヶ所の拠点を持ち、グループベースで約6万人の様々な国籍の従業員を抱えています。海外業務は今後益々重要になってきます。グローバルな企業であれば、取締役会ももっとグローバルにする必要があります。

英語での会議は難しいから日本語ができる外国人を選ぶという考え方もあるかもしれませんが、アメリカの銀行の経営の経験者や、スイスの中央銀行の総裁経験者、あるいはグローバル企業の社長経験者のような人でないと、社外取締役になって頂く意味がないのではないか、とも感じています。

ただ、そういう人物を社外取締役で入れることで、本当に取締役会が機能するのか、ということも考えていく必要があると思っています。重要なのは、形式ではなく、実質ですから。いずれにしても、候補者をリストアップしておくことは重要でしょう。助走期間を設ける方法もあるかもしれない。この点は、これからの課題のひとつです。

実効性のあるガバナンスの確立に向けて

社外取締役と健全な緊張感を保ち、会社の将来を一緒になって真剣に考えてもらうようにすることこそが、実効性のあるガバナンスの要諦であります。サクセッションプランニングにおいても、こうした実効性のあるガバナンス体制を構築し、運用して行けるようにすることが、最も肝要ではないかと考えています。

繰り返しとなりますが、情報を可能な限り共有し、執行側から積極的に外部の有識者のご意見を活用しようという姿勢を徹底していくことで、コーポレートガバナンスは、実効性が確保されるのだと思います。

技術系の改革派が
後継者。創業事業は

永遠ではない

コニカミノルタ　取締役会議長
松崎正年

１９５０年生まれ。１９７６年、東京工業大学大学院総合理工学研究科修了、小西六写真工業（現コニカミノルタ）入社。２００３年コニカミノルタビジネステクノロジーズの取締役。２００５年、コニカミノルタテクノロジーセンター代表取締役社長。２００６年コニカミノルタホールディングス常務執行役、取締役兼常務執行役を経て、２００９年取締役兼代表執行役社長に就任。２０１３年コニカミノルタ株式会社　取締役兼代表執行役社長。２０１４年４月より現職。

創業事業から撤退するという決断があった

コニカミノルタは、2003年にコニカとミノルタという、同じくらいの規模の同業の会社が一緒になってできた会社です。2006年にいわゆるデジタル・ディスラプション、写真のデジタル化が一気に進んだ影響を受け、両方の会社の創業事業から撤退するという経験をしています。

このときは、コニカもミノルタも、既に主力事業を同じイメージングの技術を生かしたデジタルの複写機にシフトしていましたから、撤退という大きな決定をしても、会社は残り、他の事業で成長させていくことができました。

このような事業の選別と集中というディシジョンがよくできたな、と周囲からは言われました。まさに、トップがこういう決断をきちんとできるかどうかで、会社の将来が決まってしまう。そんな、時代を象徴した出来事だったと思っています。

こうしたトップの経営力が問われる時代に、私は2009年に前任社長から引き継いで5年間、社長をやりました。会社が創業事業から撤退した経験がありましたから、最も意識したのは、自分の会社のまわりで何が起こっているのか、しっかり把握することでした。同業他社が何をしているかだけを見ていたのでは不十分で、業界の外で何が起こっているのか、それをいつも注意していないといけません。同時に、起こっている変化が一時的な変化なのか、構造的な変化なのかを見極めないといけません。

一時的な変化であれば、待っていれば、また良くなるわけですが、構造的な変化が起こっているのに、待っているだけでは、どんどん立場が悪くなってしまいます。

私の前任者、あるいはその前の経営者に、創業事業からの撤退、しかもハードランディングというディシジョンができたのも、デジタルカメラが普及してきて、自分たちの創業事業のマーケットがもうピークアウトしたと判断したからでした。このあとはもうマイナス成長だという、大きな構造変化が始まっているとの認識をしたからできたのです。

だから、業界の外で何が起こっているか、そして一時的な変化なのか、構造的な変化なのかを見極める。構造的な変化が起こっていると認識したら、立ち位置を変えないといけない、という意識で私も5年間、社長をやってきました。

実際、一難去ってまた一難で、次のディスラプションが来ていました。創業事業は、まさにムーアの法則に従って変化する写真のデジタル化にディスラプトされました。

ところが、今起こっているのは、データがクラウドに載せられて、そのデータが多くなればなるほど価値を生むという時代です。データとデータが化学変化を起こして、エクスポネンシャルに価値がどんどん増大していく。今はまさに第二次ディスラプションの時代にいます。

こういう世の中では、経営トップは起こっていることの本質を捉えることが、何より大切です。何が起こっているのかを自分なりに理解し、それを自分の会社を変えていくエンジンにしていく。もたもたして、やられないようにする。

事業をやっている人というのは、言ってみれば、サッカーの競技場でサッカーボールを追いかけている状態です。だから、平面でしか状況を見られないのです。そこで、上から俯瞰して見る立場にいる経営トップがしっかり見て、判断して、どっちへ行くんだという方向性を定めないといけない。それが、会社の将来を決めるのです。

会社のトップというのは、それくらい大事だということです。だから、2015年のコーポレートガバナンス・コードで、CEOの後継者計画も取締役会の監督マターとすべきである、ということが謳われたのだと私は思っています。

それまでは当社も、社長が次の後継者を指名していました。しかし、やはりもっと前の段階、後継者を育成するところから関与していくことが、今はとても大事になってきているのだと思います。

守りではなく、技術系の改革派を社長に充てた

2014年に私の後継社長を決めた当時は、取締役会が後継者の育成計画を見る形にはなっていませんでした。当社は指名委員会等設置会社ですから、社長を交代し、次の社長に託そうと判断した時点で指名委員会に諮りました。

1月に次の年の執行体制を、指名委員会に説明することになっています。そのとき、「私はここで社長を降りる」「次年度の執行役、社長は誰々にすると考えている」と説明をしました。

当然、どういう理由で誰にするのか、説明しなければなりません。ただ当時は、よほど外れていなければ、激しい議論は行われませんでした。正式な機関決定は取締役会ですから、2月の取締役会で決議しました。そういうプロセスでした。

社長を退任したのは、中期経営計画のちょうど節目の最終年度が終了したタイミングで

した。私が社長になったのは２００９年なのですが、リーマンショックの直後で、最初の2年は中期経営計画を作れなかったのです。経営環境がその先、どうなるかわかりませんでしたから。

2年経ってリーマンショックの後遺症も各国の中央銀行が手を打って、最悪の事態は避けられるなと見えました。また、そのあと欧州がファイナンシャルな危機になりましたが、それも乗り越えられると思いましたので、3年の中期経営計画を作りました。その時、それが終了した時点で退任しようと決めました。当社の場合は中期経営計画が3年ですから、社長の在任期間の一つの目安は3年2回なのでしょうが、私の場合には、初めの3年がなかったわけです。

後継に関しては、社長になって早い時点で考えていました。創業者ではありませんから、いずれは変わる。それこそ後ろがいなければ、自分は降りられません。どの段階で考えるというのは、当社の場合、特にルールはないですが、多くの場合、早い時点で考えていると思います。

特に当社には、事業を変えていかないといけない、という強い意識があります。主力事業は永遠ではないですから。これまでのビジネスモデル、儲けのパターンが崩れたり、変わっていったりする。だから事業を転換していかないといけない。私のときもいろんな取り組みを進めたわけですが、それを引き継げる人、事業の転換をリーダーシップを持って牽引できる人、というのが、大事な要件でした。

そもそも私を社長に選んだというのが、私の前任社長の大きな判断だったと思います。前任社長は、当社が変わっていかないといけない、という判断をして、改革を進められる人材ということで、私を選んだのです。

リーマンショックが起こった後ですから、経理系、財務系などのファイナンス系の人材を置いて、会社が崩れないように守りを固めるのが、常識的な判断だったと思います。

当時はその数年前に創業事業から撤退して、一時的に大きな特別損失も出しましたし、財務の健全化、財務体質をしっかりしていく過程にありました。そうした中、リーマンショックが起こったにもかかわらず、守りではなく技術系の改革派を社長に充てたのです。これが当社の経営者が持っている見識でした。

私は、いろいろなリーダーシップ研修で講演を頼まれていますけれど、その中で、起こるかもしれない機会のために、ちゃんと準備をしておけ、とよく言っています。執行役になり、常務執行役という役付き執行役になって、前任社長が就任するときに執行兼務の取締役になったのですが、ということは次の後継者になる可能性がゼロではないな、と思っていました。

一番末席の取締役ではあるけれども可能性はある。準備をしておこう、という心掛けで3年間やっていました。だから、よくいう青天の霹靂ということではありませんでした。周囲がどう感じたかは、空気を読まないからよくわかりません。ただ、常識的にいえば守りの人を置くのが普通なんでしょうから、いろんな受け止め方があったのではないかなと思います。

私を後継者とすることについて、前任社長も、同じように指名委員会で説明をしましたが、私はその場に同席していました。その際に、改革を推進できる人材、という言葉を聞いています。社長の人事は会社へのメッセージでもありますから、守りに入るのではなくて、改革していくぞ、というのがメッセージだったわけです。

一番大事なことは、変化を感じ取り、その意味を洞察する力

では、社長の要件とは何だったのか。改革を推進できるということが一番の大きな要件

でしたが、ではそれができるためには、何が必要なのか。

一番大事なことは何かといえば、変化を感じ取る力です。これは当社だけでなくどこの会社でもそうでしょうけれど、まわりが大変なスピードで変化をしています。だから、変化点を感じ取らないといけない。今までと変わったな、という節目。これを感じ取る。そして、その起こっている意味、この変化は当社にとって、どういう意味を持つのかということを洞察する。これが一番大事な要件です。それができないと、会社の運命を変えてしまいます。

まだ行ける、と思っていたのでは手遅れになる。だから、変化を感じて、その意味をきちんとつかむ。トップがどう変化を解釈したかで、その後の行動が決まるのです。だから、これが一番大事なことです。意味を解釈した上で、どちらに行くのかを決める。私の場合は、当社のほとんどの事業の転換が必要だった。では、どちらに転換するのか、その方向を決める。これは、トップの役割です。

トップが考えないで、スタッフが「A案、B案、C案、どれで行きますか」と尋ね、「じゃあ、こっちで行こうかな」と答えるのは、トップの仕事ではありません。そして、こっちへ行こうと決めたら、どうやるかは事業部門が考える。事業部門は現場をわかっていますから、わかっている人が考えればいい。お客さまをわかっている人たちが考えればいいのです。要するに方向を決め、それを推進していくことが重要になるわけですが、推進していくためには、周囲を巻き込む力が必要になります。そのために、どう伝えるか、が求められてくる。伝える力です。

特に当社の場合は、海外の社員が7割以上ですから、日本の社員に伝えるだけではなくて、海外の社員が「なるほど」「わかった」「このリーダーに従おう」と思ってくれるように伝えないといけない。そうでないとコミュニケーションが取れません。

また、取引先、投資家、株主、私が社長のときには発行株式数の45〜46%の保有者が海外の機関投資家でしたから、彼らにもメッセージを伝えられなければいけない。それを英語で伝える、ということも含めて、流暢であるかは別として、ちゃんと考えを伝えられるかどうか。広い意味でのコミュニケーション力です。

ここで問われてくるのは、何のためにコミュニケーションするのか、です。人を巻き込む（人に支持・協力してもらう）ために必要なのです。

当社のトップになるための必須の要件を挙げましたが、それを誰々だったら備えているな、ということで、今の社長を後継者として選びました。

「お手並み拝見」と思われるか「応援してやろう」となるか

変化を感じ取るには、やはりいつも意識していないといけないですね。危機感を持ち、関心を持つ。変化を感じ取ることが必要だと思えば、外へ行っていろいろな人の話を聞いてみる。確認してみる。そういう行動を起こすようになります。

それから同じように他の経営者も見ているメディア、情報でも、目のつけどころが問われてきます。どこを切り取れるか、ということです。

私自身、こういうことにはずっと関心を持ってきました。それに対して会社はどうしていくべきか、ということをいつも考えてきました。

コミュニケーション力についても、しっかり伝えられることの必要性を、いつも感じているかどうか、が大事だと思うのです。誰かに教わる、という話ではない。そういうものが大事だと考え、日頃から話すときにも意識してできるかどうか。

私は今、社外で次世代リーダーのために何かしゃべってくれと頼まれると、この変化点とコミュニケーションの話をよくします。社内でも次の経営者を育てるための教育プログラムがありますから、経営者の視点ということでしゃべります。ただ、同じことをしゃべっても、それを感じ取るかどうかは本人次第です。「そうだな」「自分はすでにそうしてきたな」と、感じ取ってくれることを期待します。

私自身、末席からの社長抜擢だったわけですが、やりにくさはありませんでした。一つは、当社のコーポレートガバナンス体制では、社長を退任した人が、今度は役割が100%変わって監督側に回って、取締役会議長という役割で残ります。

周囲は前任の社長が私を指名したということはわかっていて、かつ前任社長は議長という役割でいてくれていたので、先輩役員も新しい社長を支えようという動きをしてくれたのかな、と思います。

それからもうひとつ、これは自分で言うのも口幅ったいんですが、前任社長が私を指名した理由のひとつにもしていたことがあります。どういう表現だったか、細かくは忘れましたが、要するに人望があるかどうか、ということです。

これもありがたいな、と思ったのですが、実際に最初の1、2年は経営環境が厳しく、本当に大変だったわけです。当社は今でも、年に2回ほど執行役の役員が集まって経営課題を討議するフォーラムを開催しています。執行側の役員フォーラムです。

私が社長になったときの初年度のフォーラムでは、今期計画をどう達成していこうか、そのために何が必要か、といった議論をしたのですが、終わったあとの懇親会で、先輩の常務執行役が「社長を盛り立てようじゃないか」「みんなで頑張ろうじゃないか」と言ってくれたんです。

だから、これも私は社外でしゃべるときに次世代リーダーに言うんです。リーダーというのは、チャレンジの連続なんだ、大変なことが、次々に起こるんだ、と。そういうときに、「お手並み拝見」と思われるのか、「ざまあみろ」と思われるのか、それとも「応援してやろう」と思ってもらえるのか、その違いは決定的に大きい、と。そういう人間力のようなものが、やっぱり大事なんだよ、と。これは自分で言うのも、なんですが、トップに立つ人が備えるべき、必要な要件だと思います。

ドサ回りが今の自分を作った、という言葉

私には『傍流革命』という著書があるんですが、どうしてトップになれたのかというと、傍流育ちだったからだと思います。会社の事業のセンターにいなかった、新規事業だった

から、会社がどういう位置づけにあるか、よく見ることができました。

保守本流ではなく、新規事業を担当したのであれば、「この事業がうまくいくためにはどうでなければいけないか」と環境を見るでしょう。どんなところにチャンスがあるのか、と。やはり変化点を律さなければうまくいかないですから。そういうことで経験が積まれたのです。

また、新規事業だから、他の会社と一緒にやる機会にも自然に恵まれました。そうすると、コミュニケーション力や巻き込む力も磨かれた。自分たちにはどんないいところがあるのか、ということも見えてくる。パートナーになってもらうためには、それを考えないといけないですから。

数年間、アメリカの会社と共同でプロジェクトもやりましたが、国境を越えて彼らに「なるほど」と思ってもらうには、どういう言い方をしたらいいのか、これも学びました。日本人に納得してもらうやり方と、彼らに納得してもらうやり方は、コミュニケーションの仕方は違います。どんなところに気を付ければ、彼らが共鳴してくれるか、鍛えられました。

私の後任の社長は、ドサ回りが今の自分を作った、と語っていました。彼も同じなのです。主力事業ではあったけれど、メジャーな国の担当ではなかった。だから、ずいぶん苦労したようです。ある種の修羅場経験ですね。誰もやったことがない。やりようもわからない。どうやっていくか、というところをゼロから考える。だから当然、私と同じように、どうやって伝えたらいいか、ということも学ぶ。やはりそういう身に置かれれば、変化点に関する判断力も高まるのです。

世の中に支持され、必要とされること

私は社長に就任するにあたり、ミッションを作りました。「指名委員会でお前を推薦するから」と社長に言われたあと、リーマンショックが起こって、社長の役割をどこに置こうか、考えたのです。そして、「当社を持続的に成長できる会社にすること」を、役割に置きました。

今でこそ持続的成長はバズワードになっていますけれど、あの時点で持続的成長と言った人はあまりいなかったのではないか、と思います。

社長就任前に作成していた中期経営計画は、前提がまったく崩れてしまいました。

100年に一度のショックだと言われましたが、同じようなことがまた引き続き起こるかもしれない。そういう中でも、会社がしっかり前へと進んでいく。それこそが大事なんだろうと。

だから、そういう体質、実力を持った会社にしていくことが自分の役割だと思いました。そして、持続的に成長できる会社の条件として、二つのビジョンを作りました。一つは、「足腰のしっかりした、進化し続ける会社を目指す」です。足腰とは、イノベーションを継続的に起こせる力、キャッシュフローを生み出せる力といった会社としての基本的な力です。

ビジョンのもう一つは、「世の中に支持され、必要とされる会社を目指す」です。これも、今でこそ経営トップがこのようなことを言う会社も増えてきましたが、この時点ではほとんどなかったと思います。

例えば、環境経営。会社を成長させることと地球環境をよくすることは同じ。環境にいいことをしよう、それは会社をよくして、事業を成長させることに通じる。そんな切り口で環境経営を考えてきました。社会の課題の解決に寄与し、人間社会に価値を提供することを通じて、事業を成長させていく。そういう大きな方向性です。今の社長もそれをさらに加速させてくれています。

実際、重要な経営課題の一つに、「ソーシャルイノベーション」ということを謳っています。具体的には、社会の課題に焦点を当て、その課題の解決に寄与するイノベーションを創出し、事業にしていこう、という取り組みです。

例えば、日本社会の深刻な課題に介護の問題があります。たくさんの職業の中で、最も不足しているのが介護士だと言われています。大変だから辞めてしまう人が多いからです。一方で、介護が必要な人はどんどん増えている。だから、そこを、イノベーションを起こして解決に寄与し、事業にしていこうと考えました。

当社はもともとオプティクスの会社ですから、光学センサーを持っています。そのセンサーをいくつか組み合わせて、介護される人に異常が起こったときに、介護士のスマートフォンに知らせるソリューションを作りました。それを今、ビジネスにしつつあります。

また、社会保障費が今、どんどん上がっています。なぜかといえば、医療費がどんどん上がっているからです。では、医療費がなぜ上がるかというと、新薬、特にバイオ医薬になると、開発に莫大なお金がかかるからです。新薬の開発のヒット率が低くなったことと、開発に時間がかかることが背景にあります。だから、そこを手助けするイノベーションを起こし、事業にしていこうと考えました。

写真をやっていた技術者がある発明をしまして、がんが作るタンパク質、これと選択的にくっつく高輝度な蛍光体をつくったのです。これを使って、がんに由来するタンパク質の数と場所を、正確に測れるシステムを生み出すことができました。

これが実用化されれば、製薬会社が開発した新薬が効くのか、効かないのかを、早い段階で知ることができます。あるいは治療、診療、医療の現場で早く知ることができます。

このように、社会の課題、しかも深刻な課題の解決に寄与するイノベーションを起こし、それを事業にしていくという考え方が浸透し、新たな取り組みにつながってきているのです。

後継者や育成状況について、取締役会が監督する

社長が後継者をどう考えているかを、当社で指名委員会が監督するようになったのは、2015年にコーポレートガバナンス・コードができて、「取締役会が、最高経営責任者等の後継者計画を監督すべきだ」、ということになってからです。やはり、次に誰に社長(当社では最高経営責任者)になってもらうかというのは、当社の持続的成長にとって、極め

て大事なことですから、コードに対しコンプライすることに決めました。

コーポレートガバナンス・コードにどう対応するか、については、議長である私が取締役を招集し、意見交換する場を作りました。その前に今の社長に「この原則に対してはコンプライしようと思う」ということを伝えて、社長も「そうですね」と言ってくれました。

そして、取締役の意見交換の場で、指名委員会で監督をしていく方向で話が定まっていきました。実際にどのように監督しているかと言いますと、当社では、指名委員のほうから「誰々がいい」と言い出すのではなく、候補者は社長が考えます。社長が「次の後継者の必要な要件としては、こうこうこうであると考えます」と、その要件を言う。

それを指名委員会で説明してもらって、指名委員会で議論する。他の委員の意見も聞く。それを踏まえて要件を確定して、その要件に従って候補者を出してもらう。

そうした上で、第三者のアセスメントを実施してもらって、その結果を報告してもらう。アセスメントの結果によって、どういうところがすでにいいのかに加え、これから開発しなければいけない点が出てくるので、それを踏まえて「それぞれの候補者について、どういう育成計画でいきます」ということを、社長に説明してもらう。指名委員会はそれを聞いて意見を言う。この繰り返しですね。これをずっとやってきています。社長の後継者計画を考えると、必然的にその下の人材の育成のことも考えなければなりません。育成候補者も必要になります。

これについても、社長から指名委員会にどんなふうにやっているのか、報告してもらおうということになりました。経営人材をどう育成するかは、私が社長のとき、最後の2年くらいでプログラムを作り、人選方法も決めて育成を始めていましたが、それも参考に今の社長が考え、考え方と実施の状況を指名委員会で報告してもらうようになりました。

どんな人材が必要なのか。今の社長は3つ掲げています。

まずはグローバル人材を活用して事業の転換を牽引して成果を挙げられる経営者を作りたい。2番目は、デジタル・ディスラプションを自ら起こす経営者を作りたい。3番目は経営者視点、覚悟を備えた人材を作りたい。これが育成の目的になります。今の社長は、かなり具体的に決めています。

社長と取締役会議長とで、手分けしてコーチング

では、求める人材を育成するために何をするのか。一つは、私のときに始まりましたが、

候補者を選び、その人たちにエグゼクティブになってもらうためのプログラムを行っています。今はこれを「グローバルE塾」と呼んでいます。毎年、候補者が選ばれます。今期は15人くらい。海外の人材も半分くらい入っています。候補者は役員の手前、40代が中心です。選定をしているのは、人事部門です。

どんなキャリアを積んできたか、そこでどういう実績を出してきたか。当社の価値観や文化、定めたバリューをちゃんと体現しているか。こうした軸で候補者を人事部門で選び、社長と候補者が属する部門の執行役が最終的に判断します。そこで抽出された人が、「グローバルE塾」に参加することになります。

1年プログラムで1回1週間弱、集中的に集まります。年に3回か4回のクールがあります。今は日本で実施していますが、英語で行われています。プログラムは育成の3つの目的を意識して作られています。例えば経営者の視点や覚悟という観点でしゃべってくださいというので私も頼まれています。最後は今の社長をはじめとした役付き執行役の前で報告をしてもらいます。

ひとつはグループ討議。社長から経営課題を投げて、どうするのかを検討して、報告してもらう。もうひとつは、個人として、どういうリーダーになりたいのか。経営者になったら何を実現するのか、語ってもらう。ビジョンスピーチですね。これが最後の仕上げです。

「グローバルE塾」というプログラムを終えると、あとはそれぞれの人にどういうキャリアを積ませるか、計画的に人事担当役員と社長で考えます。具体的には、ビジネスユニットを細かく分けた小さなユニットのリーダーに充てて、事業の責任を負う経験をしてもらう。それから、グループにとって大事な関連会社の社長をやってもらう。大きくはこの2つの方向でキャリアを積んでもらっています。実践を積ませる、ということです。

そしてもうひとつ。育成策として、社長と私とで、手分けをしてコーチングをやっています。1対1です。私は今、十数名を、担当しています。

当初、社長が考える、執行役に引き上げたい人材を私のほうで見てほしい、と言われたのです。最初は3名ほどでした。経営人材として可能性はあるのだけれど、足りないところがあり、考え方の甘いところがある。そういうところを私のほうでコーチングしてください、との依頼でした。そうして、1年間コーチングをやってみたら、変化が見られた、というのです。だいぶ意識が変わってきた、と。効果があるので、ちゃんとしたプログラムにしようと社長が考えていきました。

対象は「グローバルE塾」に参加した執行役候補者です。その中で、社長が経営人材として可能性があるな、と考えている人材。社長が人選を行っています。また、執行役になっても引き続きコーチングをしている人もいます。

本気でトップを目指す女性を育成する

私の場合は、1人につき3カ月に1度程度の頻度で実施していますが、大変ですよ（笑）。十数名になりますから。コーチングされるほうも、大変だと思います。私は取締役会議長で、監督役です。社長には、コーチングは引き受けるけれども、私がコーチングする人が取締役会で自分の仕事を説明する、報告するといったとき、取締役会議長の立場でどういうコメントをするか、という想定でやりますから、と言いました。

社長は上司という立場でコーチングするわけですが、私は上司ではない。そこはきちっと線を引かないといけません。社長からすれば、意図的に分けているのだと思います。自分が担当する人と、私がやったほうがいい人と。「この人は継続的にお願いします」という継続依頼も社長からです。

コーチングの際、基本的には業務の話を聞いてコメントしますが、それを起点に経営者の視点・心得について、話をします。経営者として何に配慮すべきか、であったり、経営者として最近思っていることであったり。次世代リーダー育成に関して、他の会社がどういうことをしているか、ということは当然研究しました。社長だけでなく、執行陣や人事部門が問題意識をどこまで持つか、ということが重要だと思います。

かつてはこうした経営人材育成のプログラムはありませんでした。昔はあったのかもしれないですが、コニカミノルタが統合して以降はありませんでした。やはり体系的にやらないといけない、と私が社長のときに考えるようになりました。

経営人材育成という観点ではもうひとつ、女性幹部の育成を意識しています。女性の管理職に対して、しっかりキャリアを積ませたり、意識づけの場を設けたり、ということを人事部門中心にやってきました。「グローバルE塾」にも女性が入っています。

私のときもそうですし、今の社長もそうですが、女性の経営者を意識的に育成するために、例えば「グローバルE塾」の参加者に男性と女性、どちらを選ぶかといったときに、女性のほうにチャンスを与えようという、多少の配慮はしています。「E塾（グローバルE塾の前身）」に参加し、私のコーチングも受けて、役員になった女性もいます。

女性経営者育成は意識してやらないといけないと考えます。これまでの現実がそうだったから、ということもありますが、放っておくと女性は、「このあたりでいい」と思ってしまう傾向があるようです。

トップを目指している女性がどれだけいるか。あるいは問題意識はあるのだけれども、障害に直面した時、そこを突破してでも、と考える女性がどれだけいるか。「ガラスの天井」という言葉がありますが、それを自分で心の中に作ってしまっている印象があります。それをぶち破れ、もっと視点を上げろ、というのが、コーチングで私が意識するところです。あなたの仕事を、自分でこれでいいと思わないで、自分の役割をもっと上げていけ、と。そういうメッセージを意識しています。

自分にもトップになるチャンスがある。本気でそう思ってほしいのです。そう思ってくれる女性が増えてくると、世の中は変わってきます。頑張って役員になった女性はいる。でも、私が期待しているのは、本当にトップを目指してもらうこと。その意識を持ってくれるかどうかで大きく違ってくると思います。

自分の会社を良くするために

コーポレートガバナンスにおいて大事なことは、ちゃんとしたガバナンスの仕組みを作って機能させることが、自分の会社にとって大事なことだ、いいことだ、とトップが腑に落ち、納得することだと思っています。当社の場合は、2001年まで社長だった人が、退任後、自分が社長のときにチェックされている気がしなかった、やはり社長といえどもチェックされることが会社にとっては重要なんだ、と思ったところから始まっています。

実際に、その人が中心になって執行と監督を分離したコーポレートガバナンスの仕組みを作り、運用してきました。それがあったからこそ創業事業からの撤退というのもできたのだと思います。おそらく当時の社長もこのままではいけないとは思っていたはずです。でも、社外取締役の目が入って、客観的に言ってくれたことで、「これでいこう」という確信が持てたのだと思います。逆にグズグズしていたら、社外取締役から、「何をやっているんだ」と言われ、説明を求められることになります。だから、自分たちだけではなかなか進められない変化というものを起こせるのです。

会社が変化していけるかどうか、社長といえどもチェックされるという仕組みがあることで、それが現実のものにできるのだと思います。監督されるということを、ポジティブにうまく使って成長に結びつけていくことが可能だということです。

基本的に組織というのは、牽制機能が必要です。牽制機能により、一人にあまりに権限が集中してしまうことによる弊害を防げるのです。いろんなところで問題が起こっているのは、すべて牽制機能の欠如が原因だと思うのです。社外の目が入り、牽制機能の利いたガバナンスの仕組みがなかったら、当社はどうなっていたか、と思います。コーポレートガバナンス・コードができたとき、さてどうしようか、困った、ということになっていたかもしれません。

経営統合以降の当社を振り返ると、当社のガバナンス・システムのもと、過去の社長たちが時代を読み、事業の変化点を読んできたと思います。経営者としてのリーダーシップの役割を、しっかり果たしてきたと思います。そういう中で私自身も、社長になって最初は監督される側でいて、当社のガバナンスの仕組みは経営執行する側にとっても大事だな、と思っていたからこそ、今度は取締役会議長として自分が監督側に回って、きちんと機能させようと思っているわけです。

これは、自分で腹落ちしているから、できるのです。「コーポレートガバナンスを実効的なものにするには、どうすれば良いか？」が世間で話題になっています。それぞれの会社のトップが、自分の会社を良くするために、ガバナンスを機能させることが必要なんだと思うかどうかだと思います。必要だと思えば、自主的にいろいろなことを考えるようになるのだと思います。

〝モグラ叩きが
得意な人〟を、社長に

選んではいけない

アサヒグループホールディングス　取締役会長
　　　　　　　　　　　　　　　　取締役会議長　泉谷直木

１９４８年生まれ。１９７２年京都産業大学法学部法律学科卒業、アサヒビール入社。工場倉庫課、労組役員などを経て、１９９５年広報部長。１９９６年経営企画部長、２０００年執行役員グループ経営戦略本部長。戦略企画本部長などを経て、２００３年取締役、２０１０年代表取締役社長。２０１１年アサヒグループホールディングス社長、２０１４年から兼ＣＥＯに。２０１６年代表取締役会長。２０１９年３月より現職。

優秀なＣＥＯを連続的に生み出せる仕組み

経営トップは、就任した当日から後継者づくりを考えないといけません。これは社長の教科書にも書いてあることですが、その上で大切なことは優秀なＣＥＯを連続的に生み出せる仕組みをつくり、それをサクセッションプランとして確立することです。

ＣＥＯに執行権限を集中させ、透明性と客観性を上げて、迅速な意思決定と積極果敢な判断をする。他方で、取締役会がそのプロセスを監督し、事業の持続的成長と企業価値向上を実現させていくのが、今の経営です。従って、ＣＥＯの選考は極めて重要な意思決定になります。

その選考プロセスに透明性や客観性、あるいは公平性を保てるかどうか。情実であったり、好き嫌いが入ってしまっては問題です。それが正しい選考になっているかどうかを取締役会が常にチェックをしないといけません。

同時にサクセッションというのは、任命するだけではなく、その後、日常的に執行業務をモニタリングして、ＣＥＯの経営能力を評価していく必要があります。そのＣＥＯを再任するのか、あるいは解任するのかを決めなければならないからです。こうしたプロセスを通じて、事業の持続的成長と企業価値向上の流れを継続的なものにしていかなければなりません。

コーポレートガバナンス改革の中では、サクセッションプランの取り組みを最重要な取り組みと位置づけないといけないわけですが、プロセスを社内役員だけ、あるいは現社長の頭の中だけでやると、それはブラックボックスになる恐れがあり、透明性が落ちてしまいます。やはり指名委員会を設置し、その指名委員会も社外役員を過半数にして監督してもらい、透明性を担保する必要があります。ただ、最終的にはやはり取締役会で決めるわけですから、現CEO、現社長がリーダーシップを発揮して決めていくことが必要になります。この際に、大事なことは、選考基準が明らかになっていることです。

過去の日本の社長選考は多くの場合、内部昇格で対応してきました。しかし、内部昇格でもし選考基準に達した候補者がいなければ、外部から招聘するか、足らないところのリスクを経営チームとして取れる形を作ることが求められます。社内から見れば、ハードルが高くなりますが、企業の持続性や企業価値の向上という観点からは甘い選考は許されません。

ただ、そうなると、指名委員会として候補者をどう評価するのかが課題となります。特に社外役員の場合には、そう簡単に人物が見極められるわけではありません。もちろん、経営側は、候補者にできるだけ取締役会で提案をさせたり、あるいは懇親会の場を作ったり、場合によってはあるプロセスの段階で面談、面接をさせたりといったことも行います。

しかし、限界はあります。そこで、わかる範囲で、人物、力量、実績を評価してもらうことになりますが、もともと指名委員会は透明性のあるプロセスを求められているわけで、何をもって評価したのか、を明確に示すことが重要です。

また、人物、力量、実績だけでなく、先行きの経営環境や会社の当面のビジョンに向かって、能力と戦略の適合性はあるか。企業風土をどう変えていくのかということと、トップの人選はどう関わるか。こんなところも見ていくことが必要になります。

指名委員会において大事なことは、社外の人たちが、社内の人たちと同じ目線、同じ情報で判断をする、同質化をするのではなく、異質な目で見てもらうことです。

実行性評価も同じ問題があります。ガバナンス・コードのすべてを評価項目にして、それを実効性評価しても意味がない。自社が何を目指しているのか、それに対して取締役会が機能を発揮しているのかを評価するのが本来の実効性評価です。

サクセッションプランは、求められた形式をガバナンス・コードを折り込みながら、実践的なものにしていかなければいけない。形式的にやったところで、うまくはいかない、ということです。

形式は正しいけれど、正しい人が選べないと困るし、リスクもやはり当然ある。外部の協力も得て、360度評価もやり、インタビューも行いますが、注意しないといけないのは、理想論だけに走ってしまうと、それは実践的にはならないということです。

経営環境の適合性についても、その候補者の能力の際立っている部分に賭けたら、足らないところはチームでどうカバーするか、を考えないといけません。それが実践的だということです。こういう進め方をしないと、実在しない理想の人材像の議論になり、ないものねだりで終わる。基準がものすごく高くなってしまい、結果的に、過去と変わらない選考の方法になってしまう。

いかに自社に合う、実践的なサクセッションプランにするか、が問われると思います。

候補者を見るとき、3つの要件で見ている

では、アサヒグループホールディングスの場合は、どうだったか。私は2010年にアサヒビールの社長になり、2011年7月にホールディングスを設立して、初代の社長に就任しました。ホールディングスになったときに、事業持株会社のアサヒビールの後任をどうするか、が課題となりました。これができないと、私はホールディングスを作っても、社長業に集中できない。

当時、多くの企業でホールディングスと中核事業会社の社長を兼務する例がみられました。しかし、監督と執行を分離しようという話をしているのに、やはりそれはおかしいと思いました。

当社がホールディングスを作った理由は、単に世の中の企業がホールディングスを作っていたからではなく、その10年前から将来グローバル・グループ経営の時代が来ることを予測し、準備を進めてきていたのです。ようやくその体制も整ってきたので、ホールディングス体制に切り替えたのでした。

社長としてホールディングスにかかる時間のウエイトを考えると、物理的に事業会社の社長を兼務して、その責任をきちんと果たすことは難しいと判断しました。だから、事業会社の社長を後任に譲ろう、と。

候補者を見るとき、3つの要件で見ています。一つは人間性です。実はこれが一番難しくて、一番大事なところです。強い責任感、当事者意欲。当然、大きな経営判断をするときには覚悟もいります。失敗したときに泥を被ることも求められます。

その覚悟があるかどうか。よく言いますが、「社長になりたい」という人を社長にしてはいけない。「社長の仕事をしたい」という人を社長にしないといけない。これも人間性の一つのポイントです。

2つめは、質です。精神力、自分で自分の規律を作って自律する力、さらには譲れない一線を持っているか。私はビール会社の社長時代には、品質に関しては絶対に譲らない、と決めていました。1本でも、当社のビールを飲まれたお客さまで事故が起こったら、この会社は潰れてしまう、くらいに考えていました。だから、品質は絶対で、コストもかけなければいけないし、手間もかけることを意識していました。経営者というのは、経営の最終責任を負っており、譲れない一線を示すことが、下から見ればブレない経営になる。

だから、譲れない一線を持っている人が絶対に必要だと考えていました。

3つ目が能力です。戦略構築能力と目標達成能力とリーダーシップの3つの能力が必要です。戦略構築能力というのは、どんなに景気が悪くても、どんなに状況が悪くても、あるいは社員のレベルがどうであろうとも、きちんと勝つ戦略を組み立てられる能力です。そのためには、革新力が必要です。過去と同じパターンで戦略を組んでも勝てません。また、戦略が組めても、実際に勝てないといけませんから、目標達成能力が必要です。これは、組織の人、モノ、カネを動員して、必ず目標を達成させられる力です。目標にコミットしようとする力。これも経営者に必要な能力です。リーダーシップは、お客さまに喜んでいただき、社員に喜んでもらい、取引先に喜んでもらう。みんなに喜んでもらえる能力です。

お金を儲けることは必要だし、企業として税金を払って国に貢献もしないといけません。それを、みんなが喜ぶことを通じて実現していくのが、トップの仕事なのです。

優秀な社員とできる社員の違い

一般的に言う〝優秀な社員〟と、経営者が求める〝できる社員〟は違います。一般的に言う優秀な社員は、言ってみれば、もぐら叩きの速い人材です。言われたことに、すぐ対応ができる。しかし、経営者の言うできる人材というのは、そうではなくて、モグラ叩きの機械の下に潜りこんで機械の構造そのものを調べて、「次はここに出ます」「次はここです」と予測ができ、一匹残らず、捕まえられる社員です。

個別の解答を速く出す、すばやく対応できる対応型は一見、優秀に見えます。しかし、経営者からすれば、予測型で、普遍的な普遍解、あるいは一般解、原理原則を押さえてやっていく、これが経営者に求められる能力なのです。この〝優秀な社員〟と〝できる社員〟の違いというのは、ものすごく大きくて、これを見間違うとサクセッションプランは失敗します。

もうひとつ、昇格させるのに「入学方式」と「卒業方式」があります。「卒業方式」は、例えば課長で十分能力を発揮した。だから部長に上げる。一方の「入学方式」は、課長を卒業しても、部長に求めている能力がないと部長に昇格できない。

私がやりたかったのは、この「入学方式」でした。部下が3人、5人のときは、部下を細かく手取り足取り見て成績を上げられる。これが30人になると、細かく見られませんから、組織を作らないといけない。これを動かせるかどうか。

本部長になると、部下は300人です。「卒業方式」で昇格したけれど、能力が足りませんでした、ということになると、言ってみれば300人の部下が迷惑を被ります。だから、絶対に「入学方式」でないといけないのです。

経営者を選ぶときも、同じです。現実は、内部昇格で役員になって上がってきます。取締役、常務、専務と上がっていくわけですが、ここにきちんとした評価ランクがなければ昔の年功式と同じになってしまいます。「卒業」したまま放っていて、あるとき急にポンと上げるのは、極めて危ない。取締役、常務、専務で求める役割、責任とそれに見合った能力の評価をきちんと設定しておかないといけない。

さらにいえば、経営人材はもっと若い時代から育てていかないといけません。そのためには個人別のキャリア開発計画が必要になります。本来、経営とはまず目標があって、戦略があって、それを実現するために社内の能力別の機能が必要になります。適材適所という言葉がありますが、これは経営者が求める能力別の機能が明確になっていて初めて可能になります。

機能と社員の持っている能力の両方が明確になっていて、初めて適材適所になる。ところが、その両方が曖昧になっていると、企業の人事制度も、甘いものになってしまう。そうなると、本人たちのキャリア開発もあまり意識がない。なんとなく年功だけで「自分はここまでやってきた」ということになりかねない。

どんな能力別の機能が必要で、どんな能力を社員は持っているのか。それをしっかり明確にしておかないと、育成だとか研修だとか言っても、やっているだけで有効な育成プロセスを踏んでいない。有効な育成プロセスを踏まないと成果はあがりません。

人材育成のプログラムがなければいけない

私は若い頃、トップの下で経営戦略の大きな転換の仕事をやっていました。経営陣は大きな経営戦略転換を進めていましたが、これに人材育成が追い付いてきませんでした。これでは10年後、人材の能力が足らなくなると思いました。そういった危機感から人材育成のプログラムづくりを始めたのです。それで始めたのが、3つのプログラムでした。ＥＬＰ（Executive Leadership Program）、ＮＬＰ（Next Leadership Program）、それからＧＣＰ（Global Challenger Program）です。ＥＬＰは、役員一歩手前の人材のため

のプログラムです。経営の勉強をどんどんやっていく。ＮＬＰは40代の次の層。そして
ＧＣＰは、若手です。

グローバル化にあたっては、若手社員にも活躍してほしいと考えていました。既存事業の経験値がないほうが、むしろ思い切った発想が期待できるからです。でも、ヒエラルキーがすでに固まっていると、若手の抜擢は簡単なことではない。そこで英語の試験を実施しました。実際、英語の試験をやって点数順に並べてみると、若手社員が上位にくるわけですね。そうすると、「英語ができる若手社員に任せたほうがいい」と言うことができます。そもそも一挙に全員が海外に行くことはない訳ですが、いずれにしても役割分担をしないといけない。

この英語の試験で社員の人間性を見たわけではありません。別の言葉でいうとダイバーシティを指向したのです。能力の違いを見ただけなのです。社員の人間性を否定してしまうとモチベーションが落ちてしまいます。こういう誤解を生まないように配慮しました。

私は経営をしていく上で、言葉だけでの指示命令はあまり好きではないのです。経営陣がリーダーシップを発揮して具体的変化事実を創り出し、その具体的変化の事実を組織的に下す、というのが好きなのです。そのためには、トップが自らアイディアを出さないと

いけないということです。

社長に就任した瞬間に何を考えなければならないか。社長になったから権力の座についた、ではなく、社長の仕事がついたと考えないといけない。何をやるかといえば、まず自分が20年先を見て、ビッグピクチャーを描く。そして目標に向かってどう進めるかの戦略を考え、その戦略に基づいて経営資源の配分を考える。

それから、自分が何年やって、どこまでやるのか、時間軸を考える。そうすると後継者の話が出てくる。「自分は3年やって、もう4年目に入るときには後継者がいないといけないな」と考える。では、それを含めてどうやって仕事を進めるか。

そしてサクセッションプランを考えるときにも、ビッグピクチャー、戦略、時間軸に基づいていないといけない。大事なことは、こういったことを経営者がいかに主体性を持ってやっていくか、です。誰かに言われてやる仕事ではない。

それこそ、ガバナンス改革はきちんとやっていても、業績が下がってどこかに買収されそうになったら、誰も助けてはくれません。自分たちで生き延びないといけない。経営者は常に主体性を持ってやっていかないといけないんです。

研修育成だけでは、社長は作れない

経営幹部育成の考え方を少し詳しく考えてみたいと思います。まず、経営者にもとめられる能力とその獲得方法を、マトリックスで考えます。横軸にリーダーシップ能力、それから戦略構築能力、目標達成能力。縦軸に学習で得られるもの、経験で得られるもの、突然変異しないと得られないものというマトリックスです。

例えばリーダーシップのところでカリスマになれと言っても、いくら研修をやったところでなれるものではありません。一方で、コミュニケーション能力や戦略を構築するための能力は研修を積み重ねる事で獲得することができます。

もうひとつの獲得方法は、経験です。できれば修羅場に送り出し、追い込まれる経験を積む。グループ会社に出したり、新規事業部に出したり、海外に送り出したり、いろんな経験をさせることが有効です。これをやると何がわかるのか。例えば組織を動かしていくとき、社員の心理状態が分かるようになります。社員はやる気になっているのか。また、経営者は常に冷静にどこかでリスクを見ていないといけません。そのリスクを見る能力は修羅場経験なしには身に付かない。

3つ目の獲得方法は、突然変異です。さきほど経営者に必要な3つの要素で人間性が大事だと言いました。例えば、自分が社長の仕事を受ける。あるいは自分がやらないと他に社長になれる人がいないという状況に追い込まれると覚悟が決まる。そうなると、自分の人生を賭けるように突然変異するわけですね。社長として、最高のクオリティの仕事をするんだと、腹もくくらないといけない。譲れない一線も決めないといけない。逃げ場もなくなる。その中でどうやっていくか。それが問われるのです。

経営幹部育成は50人くらい。その下のクラスは200人くらいの人材プールを作っています。毎年、入れ替えがあります。集合研修と現場での実践と、人事異動による経験の拡大が基本です。本当の優秀さは、現場での仕事を通してよく見ないとわかりませんから。

私は10年間、土曜日曜を活用して、自分でも研修講師をやってきました。社長として、業績を上げる意識ももちろんありましたが、人をどうやって伸ばすか、ということに50%くらいの時間をかけていこうと考えていました。それでも世の中の変化のほうが速いですけどね。

外部に研修を頼むのは、あまり好きではありません。それは、平均値で研修が行われてしまうことが少なくないからです。ここからトップを選ぼうとしている集団ですから、平均値ではなくて、一番高いところを意識して育成をしていくことが大事だと考えているからです。だから、研修だけでは社長は作れないのです。自ら社長になるという意欲と能力を持った人材が出てこないといけない。あるところまではできますが、最後この社員を社長に、というときは、その人材がその気になっていないといけないですから。最後は覚悟のところに至っていないといけない。そこへ導くような育て方が必要になります。

そして後継者育成はやっぱり経営トップの責任です。自分が人を見る目を持っているか。自分は本当に正当な評価ができるのか。常に自分に問うています。人を選ぶときにどこを見るべきか、何を見るべきか、常に考える。いろんなところで活躍している人と会ってみて、何がこの人たちは強みなのか等を自分でインプットして自分の評価能力を常に高めていくのです。

自分が主語でしゃべれるかどうか

「社長になりたい」という人間と、「社長の仕事をしたい」という人間は違うと先に言いましたが、後者は覚悟が近づいてくると言うことが変わってきます。それで分かります。例えば、経営陣の一員である間は部下をどう動かすか、組織をどう変えるか、こういう議論をしている場合が多い。

ところが、社長に近づいたら構造をこう変えたいとか、事業のポートフォリオをこうしたいとか、あるいは社員の成長のためにこうしたいとか、だんだん自分が主語で語ることが増えてきます。要するに、自分が主語でしゃべれるかどうか、なんです。私はいつも、社長のビッグピクチャーの中身は、「5W2HYTT」だと言っています。

常に社長が自らを主語として5W2Hを作らないといけないんです。そしてそれを部下に下ろさないといけない。そうすると、きちんとPDCAが回せます。前の社長と同じことをしていたのでは、そこに革新性はありません。

5W2Hの内容は省略しますが、YTT（Yesterday・Today・Tomorrow）の時間軸が重要です。やはり過去のことも知っていないといけない。過去をすべて否定すると改革できると考える人がいますが、そうはいきません。過去は知っていないといけない。自分の中で否定してもいいけれど、知らずに否定するのは、そこにいる人たちの人間性を認めなくなることです。それから現在を分析して、将来を洞察する。そういう大きな時間軸の中でビッグピクチャーを作って、それで戦略を作る。

このＹＴＴを意識しないと何が起こるのかというと、連続性の欠落です。ものごとは変えないといけないことと変えてはいけないことがある。変えないといけない仕事は革新的な人にやってもらうけれど、変えるといけないところは保守的な人に、ここをしっかり守って、役割を果たしてほしい、と伝えます。こういうメッセージが語れると、みんなが主体性を持って参加してくれます。組織というのは、じわじわ変えていかないとならない部分もあるということです。初っ端から全部変える必要はないのです。

もう一つ大事なことがあって、それは後任に渡すときに余力を残して引き継ぐことです。私も前任の社長から、１年目はゆっくりやれるだけの業績の余力をもらって社長に就任しました。サクセッションプランを成功させるには人選の問題もあるけれど、業績がスムーズで、いい信頼関係のもとでバトンタッチができるかどうかが重要な要素になります。

でも、時代はどんどん変わる。新しい能力が必要になる。後継者の育成が間に合わないのではないか、と考えると、やっぱり必死に育成に注力をする以外に方法はありません。

「SWOT」分析から見えてくる傾向

今、アサヒグループホールディングスは社員が約2万8000人。うち約1万4000人が外国人です。売り上げは約2兆1000億円で売り上げで約30％、利益で約40％が海外です。私の社長時代は、1兆7000億円くらいで、ほとんど国内でした。

社長の仕事のフィールドが、私の社長時代とは大きく違ってきているということです。これからは、もっと変わることになるでしょう。そうなると、教育も変えていかないといけない。できるだけ原理原則を教えてそれを経営環境の変化に合わせて応用できるようにしていかないと変化には対応できなくなる。

一般論ですが、「SWOT」分析の記入方法の分析というものがあるんです。横軸に、機会と脅威。縦軸に強みと弱み。どこから書く人が多いかというと下の欄から書く人が多いんですね。「弱み」から書く。弱みと機会。弱みと脅威。日常的に課題解決型の仕事をしている人は、こちらに目が向くんです。これこそまさに、モグラ叩きで優秀なチャンピオンなんです。

ところが、経営というのは、「弱み」で経営しているのではないのです。上の「強み」で経営しているのです。強みと機会、強みと脅威こそ、経営の要諦となるわけで、この上の部分から書ける人であってほしいわけです。日常的に創造的な仕事の仕方をしている人は上の部分から書くことができる人です。

さらにもうひとつ、売り手、新規参入、競合他社、買い手、代替の「5フォース分析」で議論させると、売り手や買い手、競合他社については活発な議論になります。ところが、新規参入や代替ということになると議論があまり出てこない。今やディスラプション、破壊的イノベーションが起こる時代ですから、この議論ができなければなりません。

つまりは、日常的に仕事をしながら何を考えているかが重要だ、ということです。高い視座で視ているか、広い視野で捉えているか、数多くの視点で分析しているか、が重要なのです。

「桃太郎」が求められている

ただ、これからの時代は、1人の経営者ですべての経営を見るということは難しくなります。やはり経営はチームでやらないといけない。いわゆる単一思考の金太郎飴集団では戦えません。

これからは社長の能力を超えた人材をまわりに置くことが必要になります。私はこれを「桃太郎」に例えるのですが、社長はキジのように空を飛べない。社長はサルのように木の上を走れない。社長はイヌのように嗅覚が利かない。

これが社長の能力を超えた経営チームです。そうすると、社長の役割は、そうした個別の経営技術ではなく、この3人にいかに能力を発揮してもらうか、ということになります。チームシナジーをどう出すか。それを、きび団子というインセンティブを使って、経営をやっていく、ということなのです。

また、経営環境の変化に伴って、必要な人材の能力も変わってきています。ある方に教えてもらったのですが、第二次世界大戦以降、世界の先進国が組織力で戦った戦争はなくなっています。今、起こっているのは、テロ、暴動、地域紛争です。この状態の軍隊を動かすとき、過去とはまったく違います。過去は、中央集権型の規律を尊ぶ中央集権的組織力での戦いだった。しかし、今は1対1の戦いになります。

過去はコマンドのコントロールだった。今は、ミッションを一人ひとりに持たせて、1対1の戦いに勝ち、かつ生きて帰ってこないといけない。ミッションのコントロールが重要になります。なおかつ多国籍軍ですから、言葉も通じない可能性がある。文化も違う。こういう状態の中で、やっていかないといけないわけですね。そういう強い人材を育てていかなければなりません。

ただ、何もかも変えればいい、というわけではないと私は考えています。「かつての日本的経営は間違いである」と言う人も中にはおられるかもしれませんが、では「アメリカ式経営が素晴らしい」のかといえば、どちらにもいいところ悪いところがあるわけです。

例えば、サクセッションプランニングなんて、新しいことのように思えますけど、昔の日本の言葉でいえば「帝王学」ですよね。それから、CSV（Creating Shared Value 共有価値）、SGDs（Sustainable Development Goals 持続可能な開発目標）は「三方良し」です。CSR（Corporate Social Responsibility 企業の社会的責任）は「奉仕の精神」。選択と集中は「本業重視」ですよね。

昔から言われていることばかりです。日本的経営には、こんな良さがあるんです。こういうものは、ちゃんと活かしていかないといけないのではないかと考えています。

そして経営者というのは、企業の経営者としての仕事に加えて、経済人としての立場があります。個別企業の業績上昇が国内の景気上昇につながり、景気の好循環につながり、インベストメントチェーンの形成につながり……。こういうこともしっかり考えていかないといけない。上場企業となれば、資本市場も国の富ですから、時価総額を上げて貢献することも大切な役割です。こういうことも経営者には求められている、という認識も必要だと考えています。

おわりに　令和の時代、社長の選び方も新時代へ

冨山和彦

100件近くの社長人事に関わった

カネボウ、三井鉱山、ダイエー、日本航空などの有名な再生案件に加え、地方の中堅中小企業や、守秘義務上、名前を出せない企業も含めると、私は今まで100件近くの社長人事に関わってきました。ある時は企業再生の専門家として、ある時は管財人的な立場で、ある時は買収者、支配的株主として、またある時はコンサルタント、アドバイザーとして。最近は、本書の対談のなかでもふれたオムロン、パナソニック、東京電力の社外取締役・指名委員会委員という立場においても。そして私自身が連結ベースで約5000人の従業員が働く経営共創基盤のCEOです。

社長人事に当事者として関わる機会は、世の中にそうそうあるものではありません。そ

の意味では得難い経験を重ねて来られたのかもしれませんが、いつも痛感させられるのが、社長人事ほど難しいものはない、ということです。

特に再生案件の成否は、直《ただ》ちに新任社長の力にかかっていると言っても過言ではありません。幸い、上に名前を挙げた再生案件を担った経営者の皆さんは大変に素晴らしい仕事をされていますが、100件全体でみると、私自身、正直、社長人事が狙い通り成功！と言えるケースは半分もなかったと思います。思惑通りに新社長が機能しない場合は、経営チームとしてのサポートや最後はスパッと交代させることで何とか結果を出していくわけですが、とにかく社長人事は圧倒的に重要である上に極めて難しい。企業における数々の意思決定の中で、重要度と難易度の両面において、これほど多くの時間とエネルギーを投入すべき意思決定は他にないのではないか、というのが私の実感です。

間違いだらけの社長選び？

少なからずの再生案件で私が社長人事に苦労してきたのは「お前の人を見る目がないだけだ」「外部の人間が限られた時間と知見で社長を選ぼうとするから失敗するのだ」と言

われてしまえばそれまでですが、ほとんどのケースにおいて、交代してもらった前社長も「なんでこの人が社長になってしまったのだろう」というのが概《おおむ》ね実態です。選ばれた経緯を聞くと「前任者（現会長）のお気に入り」だとか「不作の世代だったけど慣例的な交代期だったので」だとか「社内派閥の持ち回り」だとか「派閥争いが激しすぎて中立的で敵のいない人になった」だとか……。

この手の話は企業小説や週刊誌ネタでは読んでいましたが、いわゆるプロフェッショナルファーム育ちで、2003年に産業再生機構の業務執行最高責任者になるまで社長が選ばれる現場に居合わせたことのない私にとっては、素直に驚きでした。

そしてこれら「前任者」「前々任者」の方々に実際にお会いすると、いわゆる「暴君」タイプの方はほとんどいなくて、どちらかというと外見的には温厚かつ真面目な方で、社内の反応や世の中の評判を気にする人が多い。そして、難しいかじ取りの時期、特に社内外に大きな波風が立つような厳しい決断を迅速にしなくてはならない局面で慎重と言うか、逡巡する。意思決定の適時的確性よりも関係者間の調和を優先し、社内の関係部門、先輩の経営者OBたち、創業家、大株主などの顔色を窺いながら出来るだけリパーカッションの起きないよう、意思決定の手順、中身、タイミングを調整してしまう。その結果、時機を失うばかりか意思決定の中身も曖昧《あいまい》になってしまう。要は問題先送りです。そして社長ポストも年功制の定期的な順送りなので、自分の任期中は無難にやり過ごすパターンを歴代繰り返す。この構図、言わば「不作為の暴走」が、経営不振に陥る日本の大企業、名門企業の根本病理の典型です。粉飾決算だのデータ不正だのは、病気が進行した最終局面の痛み止めとして対症療法的に手を染める場合がほとんどです。

1990年代の終わり頃からいわゆる企業再生に取り組むようになる前、私は戦略コンサルタントとして日本の大企業の成長戦略や経営改革プロジェクトに取り組んでいました。そこで、競争戦略上、事業経済性上、合理的と思われる意思決定がなかなかされず、変革スピードが当初想定よりも著しく遅くなる景色を何度も見てきました。伝聞的に社内政治がどうとか、日本の雇用制度がどうとか、霞が関と永田町がどうとか、組合がどうとか、色々な説明をクライアントから聞いていましたが、世紀の変わり目あたりから、自分自身が投資家、株主、経営者あるいは取締役会の一員として、「経営の奥の院の秘め事」の当事者となったときに、なぜそういう不合理が繰り返されるのか、の根本原因の一端が良く分かったような気がしました。

読者の皆さんもご案内の通り、先に名前を挙げたなかにも組合問題や政治問題がややこしかった会社はありますし、随分と色々な人から「ご忠告」を頂きましたが、実際、真剣勝負で取り組んでみると、そのほとんどは何もしないための言い訳でした。結局のところ、当座の平穏、当座の顔立て、当座の自己保身や既得権をサラリーマン同士が保障し合っているうちに事業全体、企業全体が敗戦と大リストラに追い込まれていく構図。そういう調和を壊して不作為の連鎖をばっさり断ち切るような「大人気《おとなげ》ない」人物が社長、CEO（最高経営責任者）に選ばれる確率が著しく低くなるガバナンスのあり方にこそ、この国の経営の根幹問題があるのではないか、と考え始めました。私たちの世代が若い頃、車を購入するときに参考にしたベストセラーに『間違いだらけのクルマ選び』という本がありましたが、「間違いだらけの社長選び」こそが、この数十年にわたる日本企業の停滞要因の一つではないか、ということです。

グローバル革命×デジタル革命＝破壊的イノベーションの時代

いわゆる第4次産業革命、そして日本が提唱しているSociety 5.0と言った大きな社会と経済の変革の背景にあるのは、1990年前後から急速に進んだ、グローバリゼーションというジオグラフィカルな大変化とデジタルトランスフォーメーションという技術的な大変化にドライブされる破壊的イノベーション時代の到来です。

私は1990年からスタンフォード大学ビジネススクールのMBAコース（2年間）に留学しました。当時、国内ではバブル経済の真っ盛り、世界ではジャパン・アズ・ナンバーワンと日本の経済と日本的経営が礼賛されている時代でした。事実、世界の時価総額ランキングの上位を日本企業が独占し、売上面でもフォーチュン500の約3割は日本企業が占めていました。「電子立国ニッポン」の大攻勢でシリコンバレーは大不況。コンピュータ産業も半導体産業もリストラの嵐でスタンフォード大学も財政難でした。ビジネススクールでは、日本的経営の三種の神器である「終身雇用」「年功制」「企業別組合」の素晴らしさや、ジャストインタイム、TQCなどの日本流経営手法の有効性が喧伝され、授業でも私たち日本人留学生は「in Japan……!（日本ではこうやってるんだぜ！）」と言っておけば概ねA評価という状況でした、本当に。海外からの留学組では日本人が最大グループで、私たちは「株主が大きい顔をする短期利益指向、従業員もころころ会社を変わる経済システムでは、米国企業は長期的な競争力、成長力を失ってますます日本との差は広がるぞ」とうそぶいていたわけです。

しかし、四半世紀経過した今、時価総額上位20社に日本企業は一つも入らず、フォーチュン500に占める欧米企業の比率はこの間あまり変わっていないのに、日本企業はもはや1割も残っていません。当時からは信じられない真っ逆さまの光景です。まことにわが身の不明を恥じるばかりですが、実はあの頃、既に世界が革命的に変わる大変化の胎動《たいどう》は始まっていたのです。

1989年はベルリンの壁崩壊と天安門事件が起きた年です。その後、いわゆる社会主義経済圏はいよいよ本格的に市場経済圏へと転換し、フル・グローバリゼーションの時代が到来します。BRICsという言葉が生まれ、世界中が顧客であり、同時に世界中から新しいタイプの手強い競争相手が登場する時代に入ります。また、シリコンバレーの不況も、それまでの覇者IBMの経営危機も、今から考えるとコンピュータ産業を皮切りにデジタルトランスフォーメーションの破壊的な産業構造転換が始まっていたことが真因で、私たちがスタンフォード大MBAを修了した直後にはネットスケープ、ヤフーが創業し、その後のインターネット革命、モバイル革命へとつながっていきます。日本経済が絶頂からバブル崩壊に向かう時期は、世界的には不連続で、劇的で、高速な環境変化の時代、破壊的イノベーションの時代に突入する時期でもあったのです。

そして今、デジタル革命はいよいよＡＩ／ＩｏＴ／ＢＤフェーズにシフトし、さらなる破壊的なイノベーションの波が、コンピュータ産業、エレクトロニクス産業の枠を越え、自動車、機械、重電、エネルギー、医薬、素材、さらにはサービス産業や農林水産業など、全ての産業分野に及びつつあります。まさに第４次産業革命の大波です。

同質性×連続性の強みが弱みに

対談部分で中西さんも強調されていますが、かつての日本企業の強みはオペレーショナルな力、現場力にあり、それは新卒から社長、取締役会まで一貫的な終身年功制に裏打ちされた同質的で連続性の高い組織特性、人材群と相性が良かったわけですが、問題は破壊的イノベーションの時代がやってきた結果、多くの産業領域において、それだけでは戦えなくなったということです。

１９８０年代までのジャパン・アズ・ナンバーワンと称えられた時代、欧米に先行モデルが存在し環境変化も連続的で、漸進的な改善力、「改良的イノベーション力」がものを言った時代には、同質的で連続的な組織モデル・ガバナンスモデル、ボトムアップすり合わせ型のオペレーショナルな組織能力による「日本的経営」は、確かにほぼ全ての産業で無類の強さを発揮しました。しかし、グローバル革命とデジタル革命によって、顧客もビジネスモデルも競争相手も多様化し不連続に変化する時代に入ると、様相は大幅に変わってしまったのです。

こうした時代状況のなかで破壊的イノベーションの大波の直撃を受け、大変な被害を出してきたのが我が国のコンピュータ産業、半導体産業、通信産業、ＡＶ系のコンシューマーエレトロニクス産業です。そこでは突然現れる新しいビジネスモデルや新しいタイプの競争相手への対応を迫られます。とにかく環境変化も相手の動きもめちゃくちゃ速いし激しい。「破壊的イノベーション力」をドライブするのは、組織の多様性×非連続性ですから、大きくて古くて、しかも同質的で連続的な組織が劣勢に立たされるのは自然な成り行きです。日本の大企業の多くがいわゆるイノベーションのジレンマに見事にはまっていったわけです。結局、ボトムからトップまで一貫した同質性×連続性という組織特性が改良的イノベーション力の時代に持っていた強みは、破壊的イノベーション力がものを言う時代においては一気に弱みに転じてしまったのです。

経営力≒意思決定力×実行力

第4次産業革命の時代に入り、それ以外の産業群にもダメージが広がる可能性があるなかで、日本企業が直ちに真剣に取り組むべきことは、意思決定、それも破壊的変化に対応するときに求められる「あれか、これか」の鮮烈な意思決定を適時的確に行う組織能力の強化です。言うまでもなく経営力は意思決定力と実行力の掛け算で決まりますが、日本企業の強さは概ね後者の実行力、現場力、改良力にある一方で、弱点はますます重要になっていく果断な意思決定力の方です。

今や経営的な選択肢の幅が広がり、「あれも、これも」のすり合わせ的な意思決定スタイルでは克服できない経営課題がどんどん増えています。そこで「あれも、これも」型で漸進的な改良努力を積み重ねても、そのビジネス自体が消えてしまうようなことが、エレクトロニクス産業では何度も起きましたし、デジカメの登場で銀塩フィルム事業なんかも消えてしまったわけです。こういう状況で対峙する選択肢は、「あれ」にしても「これ」にしても、おそらく新しい環境におけるかなり異質な選択肢です。過去の延長線上の基準だけでは判断がつかない。そもそもどんな選択肢を俎上に上げるかというアジェンダ設定の段階で間違える可能性が高い。そこで「あれか、これか」の選択を間違えてしまうと、現場力でリカバリーしようとしてもどうにもならない。なまじ実行力があるためにかえって傷口を大きくしたりする。掛け算ですからマイナスの意思決定であれば実行力が強いほどマイナスは拡大してしまうのです。そして「あれか、これか」の果断な意思決定のキーパーソンは、まさにトップリーダーである社長、CEOであり、それを支える（選び、モニタリングし、適格なら応援し不適格なら解任する）ガバナンスの担い手、すなわち取締役会の構成員なのです。

事業ポートフォリオの大胆かつ先読み型の入れ替えや、ビジネスモデル転換のための機能ポートフォリオの組み替えは、社内に大きな軋轢を生み、光と影をつくります。売却される事業や廃止される機能の担当者や従業員は反対するのが普通です。イノベーション領域で新事業を拡大しようとすれば、既存事業との間の資源配分上のトレードオフが起きます。組織内に多様性や非連続性を制度的、恒久的に取り込もうとすれば、英語を社内公用語化するような話になりますから、色々なストレスや短期的な非効率が生まれます。こうした課題を乗り越えるにはトップダウン型のリーダーシップは不可欠です。

トップリーダーが「あれか、これか」の鮮烈かつ困難な決断を適時的確に行うことができてこそ、日本の組織の比較優位である実行力、現場力、人材力が生きてくる。トップダウン力を充実してこそボトムアップ力が生きてくるというパラドックスの時代なのです。

「社長の条件」は変わった――サラリーマンの延長線上にあらず

コーポレートガバナンスに関する制度的な改革はかなり進んできましたが、現状、国際比較において日本の上場企業のガバナンス上のもっとも顕著かつ実質的な特異性は、経営トップのプロファイルです。欧米はもちろん中国や東南アジアなどの新興国と比較しても明らかなのは、国籍（ほぼ日本国籍）、年齢（ほぼ60歳以上）、性別（ほぼ男性）の偏りと、そしてもっとも突出しているのは社会人になってからの転職経験の少なさです。要は実態として、新卒入社以降、一度も転職をせずに終身年功サラリーマン的秩序の中で営々と出世の階段を上った生え抜き人材でないと社長になれないのが日本の上場企業だということです。すなわち「終身年功サラリーマンの、サラリーマンによる、サラリーマンのための」ガバナンスメカニズムだということ。

高度成長期以降、多くの人々が長年にわたってこの仕組みの中で頑張ってきたわけです。ですから、前任者が後任をほぼ専権的に選ぶことは当然だったし、それ以外に誰か関わるとすれば、そのまた前任者たちの経営者OBたちというのは、自然なことだったかもしれません。コーポレートガバナンス改革において、社外取締役の導入に対して当初、激しい反対があったのは、本音の部分では、何も知らない社外の人間が、「取締役」といういわばサラリーマン上がり双六《すごろく》のゴールポストにずかずか土足で踏み込み、我が物顔で経営方針や社長人事に口を出すことへの強い対抗感だったのではないでしょうか。しかし、今日、社長が求められる条件は、そうやって営々と既存の仕組みやオペレーション上のある役割を上手にこなしてきたこと、漸進的な改善、改良を実現してきたこと、あるいは組織内調整力やすり合わせ力にすぐれていることを超えたところにあるのです。

今や会社の命運を決めるような出来事は、世界のどこからいつ突然出てくるか分からない。世の中の森羅万象、古いことにも新しいことにも強い好奇心を持ち、世界中で起きる多様で新しいことがらに対して真摯に関心を寄せる一方で、もちろん自社とその周辺で起きている様々な出来事に24時間365日気を配り、無数の意思決定を行うのが社長の仕事です。破壊的イノベーションの大波の本質を洞察して敢然と立ち向かい、修羅場を果敢にくぐり抜け、危機に際しては最前線に立って熱く現場を勇気づける一方で、広い空間軸と長い時間軸に立脚した鳥瞰的視点で沈着冷静に的確な決断を下せるリーダー人材でなくてはならない。まさに世界的な普遍性を持った高度の人間性、タフネス、共感力、機動性、有能性を持ち合わせている人材が求められているのです。

はっきりしているのは、本書の中で、中西さんをはじめ経営トップの皆さんが強調されている通り、終身年功サラリーマン的な枠組みの中で与えられた職責をこなせるということはその組織の上に立つ一応の必要条件かも知れないが、very topを張っていくためには、まったくもって十分条件にならないということ。その枠組みや職責自体の破壊者にならなくてはならないかも知れないのですから。

従来型のサラリーマンの延長線上に社長という仕事がないとすれば、会社としては、本気で経営のプロフェッショナルとしてグローバルに通用する社長、CEOを作っていく努力をしなくてはなりません。生え抜きか否か、人種国籍、男女、年齢に拘らない能力本位で候補を選抜し、世界中のタフ・アサインメントで試し鍛え、その中から今どきのトップとして本当に機能しそうな人材を絞り込んでいくプロセスに、会社のトップ構造を構成する現社長と取締役会が最大限の時間とエネルギーを投入してコミットしていくべき時代が到来しているのです。当該企業の最高の叡智が結集しているのは、社長をはじめとする執行部門のトップと監督部門である取締役会のはずです。その人たちがここに全身全霊を注入せずに他のどこで頑張るのか。社内だけでなく社外の人たちの多角的で客観的な見方も入れ、しかるべき時間とエネルギーを使って新しい時代を担うべき適任者を真剣勝負で絞り込んでいく。裏返して言えば、社長だけでなく、社外取締役もこの重責に耐える能力と覚悟のある人材を選ぶべきということになります。

AIの時代、すなわちデジタル革命新フェーズ（改良的イノベーション力×破壊的イノベーション力の時代）は、反転攻勢の好機

これも本書中の中西さんとの議論に出てきましたが、デジタル革命がＡＩ／ＩｏＴ／ＢＤフェーズにシフトしている中、従来、主にサイバーでバーチャルな空間で展開されていたイノベーションの舞台が、よりフィジカルでリアルな世界に移りつつあり、その結果、ゲームのルールが大きく変化する動きが出ています。ＡＩ技術による自動運転などがその典型ですが、鍵となるビッグデータはリアルな世界で蓄積される非言語的なデータ（したがって母国語が英語や中国語のような世界的主要言語ではないハンディキャップはなくなる）になり、

生み出される付加価値のなかでハードウェア的要素がより重要な意味を持ちます。質量と熱を伴うものが生身の人間と接点を持ちますから、安全安心に関わる異次元の配慮も必要となります。すなわち本質的に時間つぶし、エンターテイメント的なカジュアルな付加価値から、もっとシリアスな付加価値へと提供価値の中心が移るのです。若者の思いつきだけで瞬時にビジネスを始めてよい世界ではないということです。

例えばメカニクスの耐久性を素材から加工技術まで丁寧に積み上げるような、営々たる改善改良力、耐久的な安全安心を長年の利用実績ベースに積み上げていく力、すなわち改良的イノベーション力がそこでは再び大きな意味を持ち始めるということです。こうした事業ドメインに押し寄せる破壊的イノベーションの波を前にして、思い切り逃げるのか、身をかわしてそのエネルギーの一部を自社の成長に利用するのか、さらには破壊的イノベーターを取り込んでその波に乗ってしまうか。そこでは非連続的で鮮烈な「あれか、これか」の決断やオープンイノベーションを梃子にした破壊的イノベーション力に加え、漸進的な「あれも、これも」の改良的イノベーション力、すなわち日本企業の従来からの得意技も重要になってきます。破壊的イノベーション力と改良的イノベーション力の両方を活かすことができるハイブリッド型経営力が問われる時代に入りつつあるのです。

ビジネスモデル的にも、ＭａａＳ（Mobility as a Service）みたいな話やロボット医療サービスのようなリアルなビジネスモデルは、ＡＩやＩｏＴを活用していても本質的に地上戦であり、ネットサービスのようなグローバルなネットワークスケールで勝負する空中戦とは、まったく経済性と競争要因が異なります。機械は整備が必要だし置いておく場所も必要です。物理的に顧客の近くにいないと役に立ちません。地上に拠点を持ち、ベタな作業を担う人間も雇わなければならない。深刻なクレームや事故が起きればその対応で直ちに現地に行かなくてはなりません。サイバー・バーチャルフェーズのチャンピオンだったネットに特化したグローバル・プラットフォーマーが、組織能力的に得意でない事業ドメインなのです。

要は様々な意味合いにおいて、ＧＡＦＡやＢＡＴＪ（バイドゥ、アリババ、テンセント、ＪＤドットコム）と言えどもけっして安泰ではない、裏返して言えば日本勢にとって反転攻勢の好機到来です。

「両利きの経営」で明るい未来へ。日本企業にこそ「出来る社長」は良く効く

最近、私の長年の友人であり、私の母校であるスタンフォード・ビジネススクールの世界的な人気教授、チャールズ・オライリー氏が共著者となっている『両利きの経営』が翻訳出版されました。彼らの研究テーマは、日本企業を含む豊富な事例研究を通じて、既存企業がこうした破壊的イノベーションの時代をどう生き残り、さらにはその大波を自らの成長のエネルギーに転化するか、成否の分かれ目はどこにあるか、を明らかにすることです。

同書で展開されている議論によると、イノベーションの時代を経営するには、既存事業を改善改良的に「深化」して稼ぐ力をより強固にする経営力と、その稼ぎを投じて新たな成長機会を「探索」し事業化する経営力とが求められる。オライリー教授はこれを「両利きの経営」という言葉で表現していますが、まさに先述の「ハイブリッド型経営」と同義です。

既存事業を深化する組織能力は同質的で連続性を持ったクローズドな組織モデルがフィットし、逆に新事業を探索・創造する組織能力は多様性と非連続性を前提とするオープンな組織モデルと相性が良い。日本企業に限らず、どこの国や地域でも通常の既存企業は圧倒的に前者が優勢です。そこで両者をバランスさせ持続的に機能させるには、強いリーダーシップによる絶妙のバランス感覚が求められます。オライリー教授らの研究結果も、まさにトップ経営者の力、社長力、CEO力が成否を分けるということです。

また資源配分についても、既存の大きな事業体が深化を続けるための資源投入と新たな事業の急速な成長で必要となる資源投入のバランスをどうとるか。このトレードオフ問題は、むしろ探索に成功した事業が成長する段階で顕在化するのですが、これを適時的確にさばけるか否かも社長力、CEO力次第です。

日本企業でも、銀塩フィルム事業の消滅という破壊的危機を富士フイルムやコニカミノルタは見事に「両利きの経営」で切り抜けたのに対し、コダックという米国の世界チャンピオンは失敗し破たんに追い込まれました。コマツもオープンイノベーションアプローチでシリコンバレーやロシアのベンチャー技術を取り込み、新しいビジネスモデルを構築してライバルであるキャタピラー社を上回る成長力と収益力を持続しています。そしてそこには必ず卓越したリーダーが存在しています。

結局、「出来る社長」を選ぶこと、「出来る社長」を選べる確率を少しでも高める仕組みをつくりガチンコで運用することが重要だという話に戻って来るのです。これは閉じた世界で前任社長が専権的に後継者を選ぶことを繰り返してきた企業にとっては、社長の選び方そのものをまずは破壊的に変えるべし、そして新たなやり方を機能させるために持続的な努力を行うべし、ということを意味します。

元々、改良的イノベーション力、実行力、現場人材力はあるのですから、「社長力」「CEO力」を高めることで破壊的イノベーション力、果断な意思決定力を強化できれば、日本企業の未来は明るいと思います。「出来る社長」は日本企業にこそ効くのです。

本書において、私を対談相手に指名頂いた中西さん、今まさに破壊的な産業構造変化の中にあるみずほフィナンシャルグループの佐藤さん、破壊的イノベーションの大波を乗り越えてきたコニカミノルタの松﨑さん、そして国内市場の飽和とナショナルブランドビジネスモデルが世界的に曲がり角を迎える中で変革と成長に挑むアサヒグループホールディングスの泉谷さんが、社長の条件、選解任のあり方、その基盤となるガバナンスのあり方について、変革の背景、ご自身の思い、自社の挑戦をとても真摯かつ率直に語っておられます。いずれも示唆に富んだ迫力のある内容であり、さすがに真剣勝負で経営に取り組んでこられた反射だと感じました。私自身も改めて多くを学ぶことができましたし、「社長、CEOの候補選抜・育成・選解任こそが、権力構造と動機づけ構造の基本デザインそのものであるガバナンス改革の本丸」という、私の従来からの確信をさらに深めることができました。

平成から令和へと御代《みよ》が替わり、日本は新しい時代に入ります。会社のあり方、ガバナンスのあり方、社長の選び方も新しい時代に入るべき時です。読者のみなさんにも本書を通じてそのエッセンスを学んでいただき、それぞれの会社が第4次産業革命の荒波を乗り越え、破壊的イノベーションの大波を自社の成長エネルギーに転化し、新しいSociety 5.0の時代に適合した新たな会社のカタチ作り、社会の健全な発展と整合的に持続的な「稼ぐ力」を構築するために役立てて頂くことを切に期待する次第です。

参考

＊　シンポジウム「実効あるコーポレート・ガバナンスの実現に向けて」
（2018年11月12日　経団連会館にて開催）

＊　CGSガイドライン改訂
https://www.meti.go.jp/press/2018/09/20180928008/20180928008.html

装丁＋本文デザイン　小口翔平＋谷田優里（tobufune）
撮影　平松市聖
協力　長谷川雅巳（経団連　ソーシャル・コミュニケーション本部）
大山瑞江（経団連　ソーシャル・コミュニケーション本部）
千葉紀尭（経団連　ソーシャル・コミュニケーション本部）
森田将孝（日立製作所）
英綾子（経営共創基盤）
構成　上阪徹
編集　衣川理花

社長《しやちよう》の条件《じようけん》

2019年5月30日　第1刷発行

著　者　中西宏明《なかにしひろあき》　冨山和彦《とやまかずひこ》

発行者　飯窪成幸

発行所　株式会社　文藝春秋

〒102-8008　東京都千代田区紀尾井町3-23
電話　03-3265-1211

印刷所　大日本印刷

製本所　大口製本

万一、落丁・乱丁の場合は送料当社負担で
お取換えいたします。小社製作部宛、お送りください。
定価はカバーに表示してあります。

Printed in Japan ISBN 978-4-16-391018-5